懂得 自有力量

学校心理咨询师讲述的 99 个成长故事

蔡素文 —— 著

上海社会科学院出版社

序一
温和地坚持

我和素文相识近20年，20世纪90年代末，她是学校的心理老师，因为在学校开展心理健康教育有声有色，给我留下很深的印象。2002年起，她所在的学校参加了我和上海精神卫生中心儿少科主任杜亚松教授合作的注意缺陷多动障碍（ADHD）综合干预的项目，历时9年，共3轮，素文是项目组的骨干，我们一起撰写了《多动症儿童心理辅导》一书，她承担了ADHD儿童家庭辅导的篇章，并且在ADHD儿童的家庭辅导方面积累了丰富的经验。2015年，她从学校调至宝山区教育学院担任心理教研员，通过项目推进又把区里心理健康教育搞得风生水起。同年我担任上海市教育委员会首届学校心理健康教育名师工作室的主持人，她是我工作室的一员，也深受工作室伙伴们的喜爱。素文的个性如同她的名字：素雅、文静，温柔中带有执着的坚持，具有优秀心理辅导工作者的品性，本书是她成长的一个例证。

《懂得自有力量》是她写给家长看的一本心理普及读本，书中把自己所做的个案进行了比较系统的梳理和总结，用故事叙说的方式，

 懂得自有力量

平实亲切的文字，娓娓道来。本书分为3个篇章：如何爱一个孩子；告诉孩子如何爱自己；告诉孩子如何在社会。这是一个很好的安排，从建立亲子关系，到让孩子自我认识、再到成为一个主动适应社会的人，显现出一个个体逐渐完善、成熟的路径。每一个篇章由33个小专题组成，每一个专题分为案例、分析、支招3个部分。99个成长的故事就是99个微型案例，这一些微型案例，每天都真实地发生在校园里，发生在孩子们的生活中，故事里可能有许许多多家长和孩子的影子，本书正是通过案例分析，来让家长更深入地了解孩子的成长心路，并提出了富有启示的辅导建议。

这是一本极有意义的心理健康教育的普及性读物，相信一定会让阅读的家长受益。也希望素文今后用自己的辅导智慧和清新文采，写出更多受家长、教师和孩子喜欢的心理健康教育读物。

吴增强

2019年6月

序二
温暖的呵护

首先要祝贺蔡老师又实现了自己的一个小梦想,其次也想要表达在此写序的荣幸与感激。和蔡老师也就是我的妈妈相识已有二十年了,想用"相识"来表述,是因为妈妈更像朋友,比起血脉间的命中注定,用朋友般的相识相知,更能体现我对与妈妈这一份关系的珍惜与重视,一直觉得能够和妈妈成为母女,成为朋友是一件幸运的事,一直感激不已。

我成长的二十年,也是妈妈成长的二十年,在我的认知中,我们共同成长,互相见证彼此的成长,也相互作用着彼此的成长,妈妈对于我成长的作用是不言而喻的,而我对妈妈的作用似乎显得有些浮夸,但能够大胆说出这样的话的自信完全来自妈妈。

妈妈主张爱的教育,她是这么说的,也是这么做的,从小她都没有把我当做一个未长成的小孩看待,爱我、尊重我,看见与认可我的闪光点,让我更好地向内认知,审视自己,这一份被看见、被尊重、被认可都化作我生命中坚定的力量。

妈妈是一个很有趣味的人,有时很感性,有时很理性,我们时

懂得自有力量

常会有走心的谈话。妈妈时常会表达遇见我是她这一辈子最大的幸福，每每这样的时刻，幸福感都溢于言表，我也一直感到幸运，能在这样的家庭中长大。

妈妈于我，不止有爱，还有以身作则，妈妈的呵护不仅温暖，还有力量，她十年如一日的积累与坚持，一直感动着我，激励着我。我的每个人生阶段，妈妈在电脑前码字或是批阅到深夜的身影从未改变，我常常会心疼，但也懂得了妈妈想要传递给我的这一份尽职与执着。

妈妈温暖呵护的不仅有我，还有她教过的孩子们。小时候，妈妈对班上哥哥姐姐弟弟妹妹的热心照顾，长大了，他们彬彬有礼，都体现着他们对妈妈的爱戴，缘于妈妈爱的教育的践行与感受到被爱的反馈。

看着妈妈一路走来，纵然辛苦，但心中洋溢着幸福，坚定了我未来想要做像妈妈一样的人的信念，要成为一个有所坚持，有所传递，温暖且有力量的人。

亦冰

2019 年 6 月

目录

序一 温和地坚持 / 001
序二 温暖的呵护 / 001

第一篇章 如何爱一个孩子：与孩子建立积极的亲子关系 / 001

一、如何爱才算对 / 003
1. 功利的爱是有代价的 / 003
2. 肆意的攀比是伤人的 / 005
3. 没有能量的爱是悲剧 / 007

二、请积极正向表达 / 010
4. 反问式的语句让孩子摸不到头脑 / 010
5. 疑问式的语句让家长显得力量不足 / 013
6. 感叹式的语句让彼此的情感连接 / 015

三、承受不起的"过度养育" / 018
7. 掌控一切，换不来心灵的宁静 / 018

8. 过高期望，得不到满意的成绩 / 020

9. 安排过多，得不到预期的效果 / 022

四、"叛逆"的潜台词 / 025

10. 喷火的"战斗机" / 025

11. 宅在家里的"瘾"君子 / 027

12. 花季阳台上的荆棘 / 029

五、别让手机霸占了亲子时间 / 032

13. 孩子怎么不喜欢说话？/ 033

14. 孩子为什么如此退缩？/ 035

15. 孩子为何对啥都没有兴趣？/ 037

六、离家出走的隐痛 / 040

16. 逃避不可行 / 040

17. 任性的代价 / 042

18. 外面的世界很无奈 / 045

七、禁止的背后 / 048

19. 看见"禁止"背后的丧失 / 048

20. 刻意训练给信念带来希望 / 050

21. 生活细节唤醒自我意识 / 052

八、给孩子一个台阶 / 055

22. 听懂内心的声音 / 055

23. 体察真正的需求 / 057

24. 给予由衷的支持 / 059

九、宝贝，对不起！ / 062

25. 家长说对不起，孩子才会说对不起 / 062

26. 说声对不起不丢人 / 065

27. 对不起不止停留在言语 / 067

十、请给拐弯一个缓冲 / 070

28. 和曾经说再见 / 070

29. 和伙伴说再见 / 072

30. 和我的"宠物"说再见 / 074

十一、极端背后的警醒 / 077

31. 要给"完美小孩"的隐忍一条出路 / 077

32. 要给"高质量陪伴"一个定义 / 079

33. 给"家庭冷暴力"一个否定 / 081

第二篇章　如何爱自己：让孩子建构与自我的积极关系 / 083

十二、悦走人生路 / 085

34. 自我中心的"小太阳" / 085

35. 心思细腻的"敏感者" / 088

36. 善于思索的"人生拷问者" / 090

十三、考试协奏曲 / 093

37. 睡眠不足 / 093

38. 方法不当 / 095

39. 情绪不佳 / 098

十四、勿做手机控 / 100

40. 大家都这样啊！/ 100

41. 没有手机我寸步难行 / 103

42. 我满脑子都是游戏！/ 105

十五、心情小感冒 / 108

43. 得不到的肯定 / 108

44. 失败的反复来临 / 110

45. 特殊的生活事件 / 113

十六、中等生不隐形 / 116

46. 潜伏着的"才子" / 116

47. 有节奏的助跑为了惊人的一跳 / 118

48. 没有麦克风的演讲比赛 / 120

十七、摊开掌心培育女孩 / 123

49. 不要抽象的性别平等 / 123

50. 要关注的是优势差异 / 125

51. 尊重才是真正的意义 / 126

十八、男子汉的养成 / 129

52. 被误解的"释放天性" / 129

53. 被无视的"责任担当" / 131

54. 被遏制的"胸怀格局" / 133

十九、男孩的"味道" / 136

55. 阴柔男生不是一天养成 / 136

56. 允许多元，但不能替代主流 / 138

57. 男生追求精致也没错 / 140

二十、"妈宝"请自己成长 / 143

58. 缺席的星期三 / 143

59. 儿子，妈妈帮你来许愿！ / 145

60. 估计我妈会替我相亲 / 147

二十一、做个"丰盈"的学霸 / 149

61. 被偷走的积极情绪 / 149

62. 被压抑的真实需求 / 151

63. 被忽视的关系建构 / 153

二十二、读书看到内在的自己 / 156

64. 肤浅狭隘了内心 / 156

65. 读书丰盈了思考 / 158

66. 书中看到了自己 / 160

第三篇章　如何在社会：让孩子建构与社会的积极关系 / 163

二十三、恰到好处的挫折教育 / 165

67. 挫折是可以激发潜能的 / 165

68. 挫折教育是顺势而为的 / 167

69. 挫折教育需要细水长流 / 169

二十四、心灵的"小中产" / 172

70. 如何觉察到我们的虚荣心 / 172

71. 如何照看好我们的自尊心 / 174

72. 如何安放好我们的自卑心 / 176

二十五、不想说有缘由 / 178

73. 我在想，所以不想说…… / 178

74. 我担心，所以不想说…… / 181

75. 我知道，但是不想说…… / 183

二十六、助人的意义 / 185

76. 接受异己才能悦纳自己 / 185

77. 帮助别人快乐自己 / 187

78. 拥有人际理解力才会更受人欢迎 / 188

二十七、主动建立友谊 / 191

79. 创造尝试的机会 / 191

80. 即使被拒绝又何妨 / 193

81. 主动交往不留遗憾 / 195

二十八、二宝时代 / 198

82. 有了二宝，大宝不乖了！ / 198

83. 二宝是一场家庭考试 / 200

84. 二宝是礼物 / 202

目录

二十九、咫尺"冷暴力" / 205

85. 言语暴力不要认为只是说说而已 / 205

86. 忽视不能解决问题 / 207

87. 同学群也暴力 / 209

三十、分享即获得 / 212

88. 她的进步我不能接受 / 212

89. 不愿分享是因为害怕失败 / 214

90. 可以共享福却不能共患难 / 216

三十一、当"官"的意义 / 218

91. 统治与孤立 / 218

92. 霸权与疏离 / 220

93. 付出与成长 / 222

三十二、不在外面的世界中迷失 / 224

94. 拥有高质量的陪伴 / 224

95. 创设更深入的体验 / 226

96. 掌握多视角的应对 / 228

三十三、美丽的感谢 / 231

97. 感谢过往的经历 / 231

98. 感谢善意的支持 / 233

99. 感谢自己的付出 / 235

第一篇章

如何爱一个孩子：
与孩子建立积极的亲子关系

实现期待
需要爱和勇气

一、如何爱才算对

中国有一句古话：子不嫌母丑，讲的是子女对于父母的忠孝与感恩。前一段时间网上流传这样的一个帖子：一个10岁的男孩子，学习成绩非常优秀，业余爱好众多，表现出类拔萃，但他竟说自己平凡的爸妈不配有他这么优秀的儿子！在一众网友错愕之后，我们要思考到底是谁出了问题？为人父母要如何去爱，才能让孩子看到家长的爱？

 **1. 功利的爱是有代价的**

【案例】

宝熙*在一所著名的民办初中上学，成绩优异。宝熙的妈妈见人就说，宝熙这孩子是她这一生最大的骄傲！这一天宝熙跑到学校心理辅导室气呼呼地说："我是一个没有爱的孩子！我爸妈爱的只是

---

* 本书所有人名俱为化名。

懂得自有力量

我的分数!"然后,宝熙滔滔不绝说出了自己内心的无奈和近期家里发生的一次"战争"。那天一家人在闲谈时,父母说起现在宝熙的状态比较稳定,家里考虑还要生个二宝,宝熙立刻表态:"不要生二胎了吧,你们坑我一个就够了!"这时候宝熙妈妈火气上来了:"把你培养得这样优秀,你竟然这样说我们!"宝熙也是来劲了:"是呀!你们把我培养得这么优秀!真的是为了我吗?从小到大我像一个木偶一样被你们拖来拽去,我的童年都在补习机构和培训班里度过的,我没有朋友,曾经唯一的一个朋友,当人家家长问你们关于补习班的事情,你们怕他参加了补习会超越我,你们就撒谎、骗他们,不让他们去,在你们眼里我是你们赚分的机器,考好了你们欢天喜地,只要稍微有一点不好,你们就说花了多少钱,还考不好!我不知道你们要分数,还是我!我知道我没有了分数就没有了爱!"

【分析】

功利有两面性,它会驱动个体更努力,功利心过重,会让孩子的人生错失很多追逐目标本身的美好。父母功利的爱可能会让孩子获得无趣的人生,无趣二字具有绝对杀伤力。有的父母让孩子生活中只有学习,学习只是为了考好学校,参加活动就为了拿奖,什么责任、担当、使命都是无意义的,这样的纯粹的功利追逐,短时间内似乎有效,可一旦失败,内心没有大格局的孩子,可能内心就会出现垮塌。因为功利会令人忽视全面真实的需求,达成目标时也不会用心感受过程,人生变得单薄且脆弱。只有丰富了过程中的各种

第一篇章　如何爱一个孩子：与孩子建立积极的亲子关系

体验，生命才会更充盈且有韧性，这样的个体在未来长远的人生道路上，才更不容易被困难打垮。

【支招】

> **大爱大格局的信念**：只盯着自己的脚下走路会撞墙，在养育孩子过程中，总以功利和所谓的"有用"为目标，就可能错失了培养孩子内心大格局的机会。一个人的生活中，只是拘泥于功利的目标，思维就变得狭隘，世界就变得不开阔，遇事就容易走极端。父母用自己的大爱与大格局在孩子心中种下大爱大格局的种子，这些才是孩子们人生的珍宝。
>
> **无条件有原则的爱**：最好的爱叫无条件有原则的爱，无条件的爱就是你怎样我都爱你，我对你的爱是没有任何索求与条件的。但是无条件的爱不是没有原则的，它是基于社会规则、道德规范、处事原则，当孩子犯错的时候，父母的态度是，爸爸妈妈依旧爱你这个人，但是我们不爱你的行为，这样的引导对于孩子的自我认知与行为调整才是有意义的。

 **2. 肆意的攀比是伤人的**

【案例】

夏行坐在学校咨询室里，低着头，瓮声瓮气地对着心理老师说：

懂得自有力量

"老师，为什么我总是不想回家，我很害怕这样下去我和我的父母会慢慢疏远，我就成了那一些人口中所谓的不孝子了！"心理老师说："我听到你的内心矛盾与冲突，而这一份冲突正是因为你的在意，我只是很好奇，你的不想回家不会是无缘无故的吧？"这样一问，看似内向的夏行打开了话匣子："从小到大，在父母那边我没有任何肯定，真的没有！您知道吗？最在意的人无视我的困难，无视我的进步，有多让人伤心吗？他们眼中只有隔壁家的小孩、同事家的小孩、亲戚家的小孩，一直拿我和他们比，起先我还是很努力的，可是他们似乎永远不满意我，他们永远可以找到比我优秀的小孩，似乎一定要把我比下去他们才开心。其实，大家尽力就好，为什么要这样比来比去？我从没想过拿他们和别的父母比，我知道那样很伤人，因为我的父母也只是普通人！现在读高中了，我选择了住宿，每到双休日我就不想回家面对父母。"

【分析】

攀比就是个体与参照个体进行比较，攀比有正向与负向之分，正向攀比指正面的积极的比较，是理性的正当竞争，能够激发个体积极的竞争意识，产生内在动力。负向攀比指那些消极的、伴随负性情绪的比较，会使人陷入思维的死角，产生精神压力和自我否定。父母想通过攀比来激发孩子的内在动力，似乎没有错，如果没有把握好分寸，往往会适得其反，让孩子感到父母对自己的忽视、失望、否定。父母没有原则的肆意攀比更是会疏远亲子关系，让孩子产生无力感，没有建设性的意义与价值。

【支招】

> **多纵向比较少横向比较**：在比较中多进行纵向比较，让孩子多与自己作比较，发现自己的成长与进步。并且可以做一些质与量的记录，如之前我一天背5个单词，现在一天可以背10个单词；再如之前我参与活动都是被动式的，现在可以主动承担班级任务了。做好记录之后，就会发现自己的发展变化，找到进步的策略，以此鼓励自己的进步，从而建立希望，树立信心，激发内驱力。
>
> **增强实力克服负性情绪**：不要让孩子在父母负性攀比的阴影中自怨自艾，要鼓励孩子主动与父母积极沟通，说说自己的内心感受，谈谈自己喜欢的激励方式。如果不能沟通，那就换一种方式，告诉孩子要跳脱出来，洒脱一些，不要一味地陷在父母负性攀比的泥潭中，而是增强自己的实力，看到自己一点点进步，让点滴进步照亮父母负性攀比造成的内心阴影。

 **3. 没有能量的爱是悲剧**

【案例】

自从艾利上小学，妈妈就不上班，待在家里陪读，每天事无巨

懂得自有力量

细地照顾艾利，除了生活还有学习，但是渐渐的，艾利妈妈似乎没有能力辅导孩子了，因为自己内心无力感，她就反而对艾利更加严厉了，当然，艾利妈妈挑的毛病也就是一些错别字和书写之类的问题。艾利在八年级的时候成绩滑坡，她妈妈在家长会之后被留了下来与各科老师单独谈话。回到家，艾利妈妈也没有其他对策，只是狠狠地批评了艾利。正在写作业的艾利，大声对妈妈吼道："你觉得我给你丢人，我还觉得你给我丢人呢！以后你别去学校丢人了，一个和外面社会完全脱了节的人，还想来说我！你也不看看你每天在做什么？我也不知道倒了什么霉！"妈妈听了一句话也说不出来，跑到房间呜呜地哭了起来。艾利成绩不好本来心情就难受，碰到这样一个内心没有一点能量的妈妈更是生气，她继续大声喊道："我也很想改变，你能告诉我办法吗？只知道哭，哭能解决问题吗？！"

【分析】

　　家庭教育的核心是父母的自我成长和对孩子的人文关怀，人文关怀是指尊重孩子作为人的尊严、价值和唯一性，并且相信孩子。父母的自我成长在家庭教育中应放在首位，这一种成长不是要让家长成为某一个领域的行家与专家，而主要是父母在应对生活事件的时候，要能有淡定从容、坚韧坚毅、有效应对的生活智慧与人生智慧，这些智慧对于孩子来说是最有力的教育。

【支招】

> **觉察自我理解他人**：自我觉察不仅是自己看自己的此时此刻的状态，更是要对自己的情绪、行为、信念、价值观等方面有深入与完整的了解。孔子说：吾日三省吾身；陶行知也有每日四问。作为家庭中的任何一个人，特别是父母，要常常问问自己："我是谁？""我的目标是什么？""我做得怎样？""我的言行在家庭中产生的是积极影响还是消极影响？"学会审视内省自我，才是接纳、理解、尊重他人的开始。
>
> **管理自我学会信任**：教育孩子先从诚实地面对自己开始，只有当教育的方向指向内在时，教育的影响力才能彰显。家长在陪伴孩子成长的过程中，要保有自己的生活规划与成长计划，不要为养育孩子，丢失了自己的成长。真正对于决定问题有意义的是家长的视野、胸襟、能力、品质。在家庭中，每一个人都要做好自己，好好成长，唯有不断成长，才会给予其他家庭成员高质量的陪伴、高投入的沟通、高品质的互动。

爱他人从爱自己开始，成长不是为了其他任何人，而是对自己负责，无论你是父母还是孩子！

二、请积极正向表达

"好好说话"听起来是一件非常简单的事情,但要真正做到、做好却并不简单。面对成长中的儿童青少年,对于父母来说,积极的正向的表达是极其重要的,父母的话语带给孩子的是挫败还是鼓舞?是自卑还是信心?这是为人父母必须要思考的问题。父母的表达真的很重要!积极正向的表达是亲子沟通的必修课。

4. 反问式的语句让孩子摸不到头脑

【案例】

昊昊的妈妈在政府机关工作,平日里很忙,天天回家很晚,这一天她看见5岁的昊昊的手指甲,被他自己啃得一塌糊涂,她赶紧叫来昊昊的爸爸,昊昊爸爸一看说:"已经有半年了,你这个做妈的才发现,一天到晚说孩子,老是拿昊昊和1岁的妹妹比,孩子能不焦虑吗?"昊昊的妈妈反思了一下表示:"我对孩子严要求没错呀!他可是哥哥呀!"昊昊的爸爸说:"严要求没错呀!我就是希望你能好好说话!"昊昊妈妈反驳道:"难道我不好好说话吗?""看看看看!请换一种语气好不好?你对孩子也是这样:'能不能给我聪明点?''难道我说得还不够清楚吗?''难道你就不能像妹妹一样吗?''难道你就不能听明白我的话吗?'总是一副盛气凌人的一样,在家里你不再是单位的领导,你是妈妈,你要好好和孩子说话,不要这样语气生硬,盛气凌人。"昊昊的妈妈看看昊昊爸爸,又看看站在一边怯生生的昊昊,说:"难道妈妈真的这样糟糕吗?"昊昊看了看妈妈,犹豫了一会,扑到了爸爸的怀里。

【分析】

反问的句式往往是为了加强某种语气,把本来已确定的思想表现得更加鲜明,这一种强烈的语气如果是负性的,往往不利于良好的亲子关系的建立。对于孩子来说,父母这样的表述也不具有建设性意义,孩子在家长的强烈语气下,感受到的是一种不安全感。心理学家罗洛梅认为:"成熟的人十分敏锐,就像听交响乐的不同乐音,不论是热情奔放还是柔和舒缓,他都能体察到细微的起伏。"小孩何尝不是如此,特别是儿童,对于自己生命中的重要他人的表达是特别敏感的,他们能够敏锐地感受到,父母反问的句式里,更多的是充满了生硬的判断和强烈的情绪,这会让他们无措与惶恐。

懂得自有力量

【支招】

> **稳定情绪努力好好说话**：为人父母者，有责任用更成熟、理智的方式表达自己的情绪，要学会管理自己的情绪好好说话。在与孩子沟通时，如果自己处于负性情绪中，不妨先试着停一停，觉察一下自己的情绪；然后缓一缓，不要急着表达与回应，让自己暂缓表达；最后平一平，努力让自己平静下来，用平和的语气好好说话，因为你在平静下来的几分钟时间里，情绪会平和些，思维会理性些，表达会清晰些，那么说话也就更有说服力。
>
> **表达感受减少负性评价**：一些父母似乎习惯了居高临下去评价孩子：你看看你，连弟弟妹妹都比不上！教了你很多遍了，你剥的鸡蛋还是像狗啃的！父母以为放出这些"狠话"，可以去"刺激"孩子去不断完善，怎知事与愿违，孩子在负性的评价里，常常会陷入强烈的自我怀疑和自我否定中不可自拔。父母应该多说说自己的感受：你这样做，妈妈有点难过。当孩子感受到他的行为会在爸爸妈妈的内心激起涟漪，这一种连结让他会觉得自己的重要。如果父母在表达感受的同时，还能带出一些具有引导性的话语，那就更加有意义，比如"宝贝如果能够先仔细看妈妈剥鸡蛋，剥的时候慢一些，妈妈会对你更有信心的！"

 5. 疑问式的语句让家长显得力量不足

【案例】

读七年级的阿麟最近常常因为打游戏而不写作业，班主任老师觉得这样发展下去，阿麟很快就可能发展到旷课、逃学。老师把家长找来想好好谈谈，没有想到当老师说完情况之后，阿麟的父母竟然对班主任老师说："老师！我们对阿麟是没有办法了，麻烦您帮我们好好管管他！"班主任老师看到父母无奈且无助的状态，感慨阿麟这孩子转变的家庭资源不足呀！阿麟的父母一直崇尚所谓"民主"教育，在阿麟还小的时候，样样都顺着他。确实没有出现太多状况，但随着孩子慢慢长大，父母还是一味没有原则地顺从，没有给予孩子正确的是非观，结果便会对孩子束手无策。

"阿麟，你不要玩手机了好不好？"

"不好！"

"那你快去写作业了行不行？"

"不行，我还要玩一会！"

"你能不能听一次妈妈的话？"

"不能！"

阿麟的父母就是这样，呈现给孩子的是一对没有力量的家长，他们很少向孩子提出要求，即使有时候阿麟不具备作出决定能力，也任凭他自己做决定。当阿麟有违反规则的行为时，父母又是态度

不明朗的，这样教养方式下的儿童青少年大多很不成熟，随意发挥自我，缺乏责任感与规则意识，潜在问题是自我中心或者自信不足。

【分析】

疑问句就是一种不确定，无法作出判断的表现，只是一味征询孩子的意见，只是征求、询问，不如说是一种放任。家庭的教养方式通常有权威型、专断型、放纵型和忽视型4种，其中权威型的父母对待孩子的态度是控制，是理性且民主的教养方式。权威型的父母认为，在孩子心目中，父母应该有一定的权威性，当然这种权威要表现在父母对孩子的理解与尊重基础上，及时理性地对孩子的需要、行为做出反应，鼓励他们表达自己的意见和观点，对他们有要求，并且对不同的行为表现分别奖惩。这种教养方式下的儿童独立性较强，善于自我控制，能解决问题，自尊感和自信心较强。

【支招】

有要求但不唯我独尊：作为父母对孩子要有适当的要求，这一种基于孩子自身发展水平的要求，恰恰是对于孩子的一种尊重、信任与期待。父母也要理性看待"权威"二字，提出的要求应有理解、有尊重、有商榷、有调整，并且在完成要求的过程中与孩子经常交流，适当给予帮助，亲子合力，不断前行。

有力量但不滥用权威：要做有力量的父母，力量包含了外显的力量、品质，同时也包含人的潜在的力量源泉。有力量的父母，他们的力量对于孩子来说是一种积极的参照，父母的力量感也会传递给他们的孩子，这份力量在孩子的心中会变暖、变大、变强，让他们不惧成长路上的风雨，快乐应对挑战。

 ## 6. 感叹式的语句让彼此的情感连接

【案例】

亦蕊今年中考考上了一个非常理想的高中，老师们都在感慨，天资一般的亦蕊真的是要庆幸有一个好妈妈，4年来她一直陪伴着、鼓励着亦蕊一步步走向那一个更好的自己。亦蕊拿到入学通知书的那一刻，满含热泪扑到了妈妈的怀里说："谢谢您妈妈！其实我也常常对自己有所怀疑，可是您一直肯定我、夸赞我，让我觉得自己的意义与价值，我的内心升腾起一种力量，我要相信自己。"亦蕊的妈妈笑了："你知道妈妈拥有你这样积极上进的孩子有多么幸运！妈妈真的是要谢谢你，带给我的生命很多很多的精彩！妈妈也真的很佩服你！在低谷的时候，你没有自暴自弃，尤其是初三下半学期，你每天雷打不动5点起床，表现出的非凡毅力令人赞叹，妈妈看着你一步步走向成功，由衷地为你点赞！相信在高中的你会越来越好！"

懂得自有力量

【分析】

　　感叹句自然是有强烈的情感的句子，在亦蕊妈妈的这一段话里，可以看到她积极的正向的表达：肯定、赞美、感谢、佩服。这些正向的表达转化成感叹句更具有渲染力，能更好地连接母女二人的情感。这样的具象的、理性的表扬与赞美富有积极意义，通过赞美与肯定可以提升孩子自尊水平，产生积极的自我评价，形成积极的自我效能感。真诚的、平等的感谢与佩服可以激发个体的自主成长的力量，即："我这样做不是只为了取悦于某人，而是我要从内心里做好自己。"这样可以不断激发个体的内在动力，只有内在动力才是不竭之动力。

【支招】

　　正向表达越具象越有意义：泛泛的表扬与赞美是没有建设性的意义与价值的，真正的表扬和夸赞是基于事实的，对某一项具体行为作出积极评价，同时也对后续行为作出引导，有时候还可提出有待商榷的部分，鼓励让孩子表达内在想法。上述案例中妈妈的肯定夸赞都具体到某一种行为和品质，同时也表达了对孩子后续成长的积极期待。

　　正向表达要融入真情实感：美国传播学家阿尔培特曾给出一个公式：

信息的全部表达 = 7% 的言词 + 38% 的声音 + 55% 的表情肢体语言

> 情感是亲子间最好的润滑剂与催化剂，亲子关系的浓厚与融洽，在一定程度上影响孩子对于父母实施教育的接受程度，当真实感融于亲子沟通，进而形成良好亲子关系，才会让父母的教育起作用。

让孩子在父母的积极正向的表达中看到自己的价值，相信自己有力量去改变，去成长。

三、承受不起的"过度养育"

如何做一个更好的家长？是为人父母每天都在思考的事，很多家长对孩子恨不得"倾其所有"，致力于给他们更好的、更多的，给他们无微不至的关怀，帮他们避开一切障碍，其实育儿和其他事情一样，过犹不及，过度养育也会给孩子的成长带来反作用力。

 **7. 掌控一切，换不来心灵的宁静**

【案例】

　　一旻妈妈被老师们喊到学校里，原因是一旻在寝室里和室友话不投机就将室友的蚊帐点燃来解气，还好及早发现，没有酿成恶果。老师说这样的事件是要严肃处理的，并且告诉一旻的妈妈，要严格管教孩子，看到家长情绪激动，老师建议她去学校心理老师那边聊聊。来到学校的心理咨询室，朱妈妈没说几句就开始号啕大哭，她感慨：没有一个像她这样做妈妈的，自从有了孩子，她几乎放弃了自己的所有的空余时间，全心全意陪伴孩子成长。她亲自接送孩子上学，严格规定孩子的作息时间和学习时间；严格管理孩子的看电视时间和游戏时间；孩子极少有时间玩耍，即便是她上班去，还要打开家里的摄像头，全面监控孩子的一言一行，她觉得自己很累，但又觉得这样能让孩子更好地成长。心理老师说：孩子总要有喘息的时间，要有自己的空间，你这样的高控下，孩子能够自己调节过来也就算了，不能调节过来的话，就会以其他方式来宣泄心中的压抑。

【分析】

过度养育（Hyper-Parenting）是指家长过度地管教和养育孩子，倾向于过度养育的家庭中，孩子在户外活动的时间很少，课后体育锻炼更少，不会骑车或者步行上下学，很少去同学家、游乐场、操场等地方玩。当下，过度养育的家庭比例在全球范围内快速增长，专家指出：社会整体富裕化、平均生育年龄提高、少子化等，都可能是过度养育的原因。但最主要的原因是恐惧。社会的负面的消息、时代的竞争压力，让家长陷入在焦急、恐惧、内疚的状态之中，当这一切转化为外部行为时，就成为一种高控的过度养育。其表现为对孩子过度保护，总担心孩子会出事；对孩子过度帮助，总觉得孩子能力不足；代替孩子做决定，总觉得孩子离了自己就会犯错误。

【支招】

平和心态，减少负能量：情绪像水，稳定的情绪是涓涓细流，滋养万物；负性情绪则是洪水猛兽，摧毁万物。作为父母要关注和觉察自己的情绪，一些负面情绪调动着父母保护孩子的自然天性，也正是这一些负面情绪，让家长一不小心就开始过度养育，忽视了孩子真实的需要，反而侵占了孩子的更多的自由成长空间。

理性思考，提升判断力：家长不要让负面情绪和社会上的负向新闻有意无意地干扰自己的思考与育子策略，从而使生活充满恐惧和紧张。请记住，好家长的修炼手册上，首先是家长要拥有稳定的心态和一定的判断能力，不要随意盲从。家长要让自己的思考变得有弹性，可以允许自己和孩子有不赞同的权利，也要给自己和孩子有追随不同的道路的可能性。

8. 过高期望，得不到满意的成绩

【案例】

小满的爸爸带着小满参加一项亲子活动。小满的爸爸没到活动结束就要离场，给大家留下了很深的印象。在亲子活动的过程中，时不时可以听到小满爸爸的大声呵斥。"不能快一点呀！""这样不行啊！""别人比你快啦！"爸爸的大声喝止严重地干扰了小满的思绪，导致孩子更无法完成作品。活动展示阶段，其他小朋友们纷纷把自己的作品放在了展示台上，而小满却拿着自己未完成的作品，不知所措。这时候，爸爸就要拉着小满离开现场，同时还在不停地呵斥小满，老师把他们父子拦了下来，看见小满一副羞羞怯怯的样子，老师不由得一阵心疼。反倒是小满的爸爸，完全不顾及孩子的感受，当着老师的面，又大声地训斥了小满："就是不如别人呀！""我告诉他什么事都要争第一呀！""你不是第一别回来！整天这样窝窝囊囊的样子，真是气死人。"老师拍拍吓坏的小满，然后对他的爸爸说："您有没有思考过，孩子窝窝囊囊的样子，也许和您的教养方式有关啊！"

【分析】

羞耻心理是个体因为自己在人格、能力、外貌等方面的缺憾，或者在思想与行为方面和社会常态不一致，而产生的一种痛苦的情绪体验。一个有羞耻心理的孩子往往会感到沮丧、自卑、自我贬低、自我怀疑、无助无望。这是一种让人感觉非常不好的心理状态，这种状态在内心深处发出的声音是：我是不被喜爱的，我是不值得爱的！父母合理的期望，确实能促进孩子积极向上，走向成功，但过高或过低的期望，则都不利于孩子的成长，会对孩子产生负面影响，让他们变得自卑、焦躁、迷惘。

【支招】

相信孩子，不要控制孩子：将父母想要控制孩子的行为，转化为身体力行的方式，来影响感染孩子，并且相信孩子会做好，甚至比父母做得更好。要让孩子知道：做不好也没有关系，爸爸妈妈会陪伴你，为你助力，这样的信任感对于孩子克服羞怯心理是很有意义的。

允许犯错，但要承担后果：允许孩子犯错，但是要让孩子有自己承担行为后果的意识，孩子犯错，父母不要急于责备孩子，更不要替孩子顶下来，而是要教给他们弥补过错的办法：承认，道歉，弥补。家长们会渐渐发现，当孩子渐渐开始成为自己了，他才会有担当，在担当中找到自己的存在感、价值感，进而有幸福感。

9. 安排过多，得不到预期的效果

【案例】

依琳的生活被妈妈安排得满满当当，幼儿园就开始学这个学那个，表演、绘画、跆拳道；上小学之后更是语文、数学、英语……凡是有培训班的，依琳的妈妈总是要参加，她常说依琳在补习班花的钱都可以买几辆车了！此外，依琳妈妈还不想放过任何一次展示的机会，依琳参加舞蹈比赛，要发动亲朋好友上微信投票；依琳参加作文比赛，又要发动亲朋好友上微信投票。这一次听说某公司要

第一篇章 如何爱一个孩子:与孩子建立积极的亲子关系

海选小模特,依琳妈妈更是积极,早早报好了名,可是依琳似乎对这个并不感兴趣,一脸不以为然的样子。后来看妈妈逼得紧,她干脆说:"要去你去!我上台一定输!我没自信呀!"依琳妈妈非常地生气,觉得自己付出那么多,但是依琳却没志气,不敢面对挑战。依琳妈妈不由得感叹,她这么多年来的付出,为什么换来的是孩子的一脸冷漠?

【分析】

为什么过度养育的孩子会在困难面前特别脆弱,容易退缩?一个重要的原因就是他们在父母高控的状态下,根本没有好好练习如何应对困难的机会。久而久之,孩子们为了让自己避免受伤,他们就宁愿维持原状、保持冷漠。冷漠是对外界刺激缺乏相应的情感反应,也是对周围事物失去兴趣,内心缺乏体验的表现。当然冷漠也是孩子们的一种自我保护,是他们让自己不再受挫的铠甲。具体表现为不轻易流露内心,对人或事缺乏兴趣,无责任感,不会关心人,没有同情心,甚至拒绝感动。一旦孩子心中铠甲竖起来了,其他人就很难走进他们的内心,父母的介入引导就难了。

【支招】

多交流了解真实需求: 交流不仅能克服冷漠,还能攻克一切情感障碍,愿家长们多多用之,因为此方最有效。亲子间的交流可以由浅入深,由表及里,也可以从家长的自我袒露入手。亲子

间的交流是一件自然而轻松的事情,不应生硬,也不要刻意,而是要以真诚与坦诚为底色。当爸爸与孩子分享自己小时候爬树掉下来的模样时,家里的气氛一下子就会轻松起来了。

多互动感受亲子温情: 亲子间不要禁锢在一件事情上,恶性循环、无法自拔,家长要创造机会与孩子多多互动,一家人可以去接触大自然;可以骑上单车近处转一圈;可以去听一场音乐会;可以一起做一个游戏;可以一起做做家务,让亲子间的温情,丰富孩子的内心,让他们感受爱,并且让他们的内心也充满爱,爱的力量让孩子风雨无阻!

借用泰戈尔的一句诗送给所有的父母:让我的爱,像阳光一样,包围着你,又给你以光辉灿烂的自由。

四、"叛逆"的潜台词

"孩子突然像变了个人一样!""孩子怎么变得这么难沟通?""青春期的孩子真难管!"面对青春期的孩子,诸多家长如是共鸣。青春期孩子"判逆"造成的逆反问题更是让一些家长束手无策。如何应对孩子青春期的逆反问题,是很多家长都要面临的一个话题。之所以会出现叛逆心理,这与家长的教养方式及孩子的成长经历相关,作为家长,要用心读懂孩子"叛逆"背后的潜台词。

 **10. 喷火的"战斗机"**

【案例】

班主任老师让周羽的家长去一趟学校,原因是周羽和同学探讨物理答案时,一生气把教室的一扇玻璃窗给拍了下来。老师让家长去看一下现场,商量赔偿及教育问题。等周羽爸爸赶到"事故"现场一看,教室靠阳台一侧的一扇移窗整体掉了下来,地上还砸出一个小窟窿,玻璃碎了,已处理掉了。周羽爸爸刚进办公室,班主任

懂得自有力量

老师就开始盘点周羽近期惹的麻烦，诸如：常常用武力解决问题，拍桌子、踹台子等。老师说周羽就像一架喷火的战斗机，常常为一些小事剑拔弩张，近来更是愈演愈烈，常常因为一些小事情，弄出意想不到的动静。周羽爸爸则无奈地表示，周羽在家也是如此，不知道何时开始，动不动就摔门而去，还特别喜欢和家长争辩，又特别喜欢唱反调，说不通就拍案而起，愤怒的程度与持续时间还超乎想象。家长表示还好从小家教很严，他情绪不受控制的时候，只是伤及物件，不会指向周围的同学、师长，否则还真要出大事了。

【分析】

青春期的青少年身体快速成长，激素剧烈波动，而大脑的"自制区"前额叶却还没有发育完善，已知的前额叶功能包括：记忆、判断、分析、思考、操作。人的情绪成熟性、自我意识和判断主要受前额叶皮层影响，而前额叶的发育过程会持续到青春期后期乃至青年期。青少年之所以情绪不稳、爱冒险，行为自控力差，与他们正处于大脑前额叶皮层逐渐发育完善时期，前额叶还没有成熟相关。

【支招】

> **借力打力巧妙化解**：中国的太极拳技击技法讲究借力打力，家长看到孩子的情绪过激，不一定非要主动出击，更不要被孩子

激动的情绪激惹。让孩子把过激的情绪表现出来,并且要认识到每次的情绪失控,都是让青少年前额叶发育成长的绝佳机会。家长扎稳马步,保持姿态迎接孩子情绪的暴风雨,顺着孩子的思路陪伴他,让他学着去体会、去意识自己的冲动情绪的不适宜,进而让孩子学会运用自身的力量调整。

转移注意适当分解: 有情绪是正常的,难的是对于情绪的管理。青春期的孩子精力旺盛,打压可能出现更大的反弹力,积极的科学的疏导才是王道。可以让孩子培养一些积极有益的兴趣爱好转移注意力;适当的做运动挥发过剩的能量;参加一些公益性活动提升自我价值感,这样智慧地给出旺盛精力的输出通道,才是有建设性的。

 **11. 宅在家里的"瘾"君子**

【案例】

九年级的王凯一开学出现了一个怪现象,一到周一就肚子疼,头上直冒冷汗,脸色刷白。王凯寄养在一位阿姨家。阿姨看到王凯这样情形,就打电话喊来他的父母,父母匆匆赶来向学校请假,让王凯在阿姨家休息。没有想到王凯肚子疼的问题日渐频繁,不去上学的时间越来越多。转眼两个月过去,马上就要期中考了,然而王凯却已经无法像往常一样走进考场了,这下父母着急了,带他

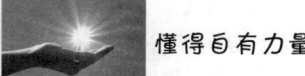 懂得自有力量

去医院做了一系列检查，没有任何器质性的问题，医生建议去心理咨询。父母询问王凯在阿姨家的情况，阿姨吞吞吐吐道出实情，王凯不去上学就是为了玩游戏，在电脑上玩网络游戏，可以不吃不喝不睡玩通宵。这种情况从八年级下学期就开始了，当阿姨表示要告诉王凯的父母时，王凯威胁说如果阿姨告诉他父母，他就要"玩消失"。阿姨害怕王凯真的离家出走带来麻烦，就没有告诉王凯父母。王凯父母这才恍然大悟。偶尔在家的时候，王凯就像"瘾"君子一样，神不守舍、无精打采、满脸迷茫。再去问问班主任老师，老师对常常旷课的王凯印象也不好，教了3年多也说不出王凯的特点，只是说王凯在班里成绩一般，也不太出众，没有特别要好的朋友。

【分析】

构成网络依赖的原因除了孩子理解判断力差、自控能力差，对新鲜事物又充满了好奇，有寻求刺激的心理需求之外，还有心理上更为深层的原因，心理学家埃里克森认为，一方面，处于青春期的青少年本能冲动的高涨会带来问题，另一方面，他们所面临的新的社会要求和社会的冲突会使他感到困扰和混乱。此时的他们主要任务是建立新的同一性，树立自己在别人眼中的形象，和他在社会集体中所占的情感位置。案例中被寄养的王凯缺少亲情的滋养，各方面表现平平，同时又欠缺主动融入集体的方法，在心理上出现危机。他没有足够的心理能量去主动迎接成长，所以采用

了另外一种方式，即退回到家里，退回到虚拟空间躲避成长中的挑战。

【支招】

> **有效陪伴了解难题**：孩子成长的每一个阶段都需要父母的陪伴，只是陪伴的形式随着年龄的增长会发生变化，无论处于哪一个阶段，父母对于孩子当下的境遇与生命中遇到的难题要主动了解，换位思考，体恤孩子的不易，再适时给予支持。
>
> **经验分享融入群体**：心理学家埃里克森说过，如果青少年感到他所处的环境剥夺了他在未来发展中获得自我同一性的种种可能性，他就会以令人吃惊的力量抵抗社会环境。攻击与退缩都是一种抵抗行为，作为父母，应回顾自己的成长历程，积极运用自己的人生经验与孩子分享，让孩子拥有融入群体的方法策略。

12. 花季阳台上的荆棘

【案例】

欣雨洗澡时，手机放在桌子上，妈妈突然看到欣雨的手机里跳出一条暧昧信息，对方昵称是"爱你一万年"，而这个"爱你一万年"分明是欣雨妈妈的"麻将搭子"，这着实吓到欣雨妈妈了，尽管欣雨妈妈不是什么高学历、高收入的母亲，偶尔也玩玩麻将，但是作为一个单亲妈妈,她对女儿的培养是一点也不含糊,别人有的欣雨都不缺,还自己省吃俭用,花钱让女儿去补课,风里来雨里去的从不抱怨,只希望孩子能够觉得自己和别人家的孩子没什么两样。可现在还是和别人不一样了。转眼要中考了,孩子却和一个游手好闲的无业青年玩起了暧昧。欣雨妈妈最担心的事情就是欣雨的安全,所以欣雨基本上是在妈妈封闭式的保护下生活、学习、成长的,结果,欣雨妈妈最不愿看到的一幕却还是发生了。欣雨妈妈顾不上那么多,冲进卫生间对着欣雨歇斯底里地吼了起来。没有想到欣雨却不以为然,反而说:"我现在才知道,他是世界上对我最好的一个人!"欣雨妈妈觉得天旋地转,瘫坐在地上。

【分析】

青少年的性心理发展一般要经过3个阶段,即异性疏远期、爱慕期和恋爱期。青春期的青少年正从疏远期向爱慕期过渡,此时的女孩细腻敏感,情窦初开,有与异性交往的需求,但又缺乏理智,不够成熟。其实早恋的孩子内心也是充满着不安、害羞和困扰的,此时,如果父母师长过分地运用控制手段,或是反应过激,就像案例中欣雨妈妈那样,会使孩子感到自己的行为受到指责,自己的情感受到贬低。这时,她们就有可能误解父母的本意,一意孤行,甚至故意去做与现实要求相反的事,后果往往不堪设想,对于早恋简单粗暴的回应,会让原本恬静烂漫的花季之路荆棘密布。

第一篇章 如何爱一个孩子：与孩子建立积极的亲子关系

【支招】

> **提升亲情质量提高免疫**：抵抗不合适的早恋最有效果的武器就是亲情，孩子进入青春期以后，家长要抽出时间来和孩子沟通聊天，多谈心，了解他们内心的真实想法，而不是貌合神离的沟通，孩子年龄越增长，就越需要深度真诚的沟通。对于女孩子来说，与母亲沟通也是十分有益的。家长要让孩子感受到，无论发生什么事，父母都是最值得信赖的人，家永远是最可靠的港湾。
>
> **尊重情感流露先顺后带**：如果孩子真的出现早恋现象，父母也要理性应对，尊重并且认可自家孩子的情感。这样，孩子自然也会接纳父母，进而接纳父母的观点。家长要适时告诉孩子，对异性有好感就如同一棵树的开花、结果一样正常，但是重要的是花朵应该在适合的季节绽放才是最美。还要告诉孩子要珍视自己的感情，不要草率表达。母亲还可以告诉女儿一些自我保护的相关知识，让她避免受到伤害。

青春期的孩子是一个个怒放的生命，渴望飞翔在辽阔的天空，渴望穿行在无边的旷野，想拥有挣脱一切的力量，如果能够科学引导，因势利导，合理疏导，他们就会成为更好的自己。

五、别让手机霸占了亲子时间

"我给妈妈讲故事吧!不要看手机了吧!""爸爸你手机里到底有什么?为什么你只看它不看我?""爸爸!我也要玩手机!"当听到这样孩童的稚嫩的话语,为人父母者有何感慨?若是询问父母:"孩子与手机哪个更重要?"大家一定会回答:"当然是孩子重要呀!"只可惜说归说,做归做,在现实生活中,常常会看到有些父母成了"低头一族",只顾着拿着手机,埋头忙着刷微信、看新闻、看连载、购物、娱乐,而对于孩子的各种需求心不在焉、敷衍了事。手机父母请抬头,你们的表现正在潜移默化地影响孩子,给他们带来错觉,觉得是因为自己不够好,爸爸妈妈才不愿意理睬。让孩子有被忽视感,再加上家长过度使用手机的行为也会成为孩子的"榜样",孩子也会成为新一代的"低头一族",沉溺于电子虚拟世界,逐渐丧失在现实生活中的正常交际能力。

 13. 孩子怎么不喜欢说话？

【案例】

4岁的男孩洋洋，由爷爷奶奶带到儿科门诊就诊，原因是他们想让医生看看，孩子有什么问题，怎么眼看要进幼儿园了，但洋洋除了叫一声"妈"，其他都不会说，即便说也是一个字一个字地往外迸。医生对洋洋进行了各方面的检查，同时还进行了智力测试，并没有发现器质性的原因。医生表示可能孩子是因为缺少语言刺激而导致的语言发育障碍。爷爷奶奶很纳闷，什么是缺少语言刺激？医生问平时在家大人都和孩子说话么？两位老人表示平时小孩是由他的父母抚养。医生继续问，孩子的父母平时和孩子说话么？两位老人连带愠色，抱怨道："我们三代不是生活在一起，双休日我们回去帮他们整理一下，儿媳妇工作很忙，不太带孩子的，基本上都是我儿子带孩子，可是现在的年轻人，医生您知道的，就埋头玩手机，扔给孩子一些玩具，自己根本什么都不管了！"医生听了笑笑说："这就是问题的根源，让你的儿子扔掉手机，和孩子多说说话，每天至少要保持一定量的时间和孩子在一起，念念儿歌、背背古诗，总之要和孩子多说说话，这是我今天的药方。"

【分析】

意大利幼儿教育家蒙台梭利提出了"敏感期"的概念，她认为

懂得自有力量

儿童对于特殊的环境刺激有一定的敏感时期,当孩子处于某个敏感期时就会产生一种敏感力,此时他们的内心会有一股无法抑制的动力,驱使孩子对所感兴趣的特定事物,产生尝试或学习的狂热,直到满足需求或敏感力减弱,这股力量才会消逝。蒙台梭利归纳出9种幼儿的敏感期,诸如:语言敏感期、秩序敏感期、感官敏感期、阅读敏感期、动作敏感期等。儿童处于语言敏感期一开始会注视大人说话的嘴型,并发出牙牙学语的声音,慢慢地就会需要与家长的交流,从模仿到逐渐形成自己的语言能力。若是在这个阶段家长不注意与孩子的互动,可能会影响孩子的语言发展。

【支招】

把握敏感期适当刺激:敏感性使儿童以一种特有的心智接触外部世界,是个体成长的关键时间点。孩子成长的"敏感期"是不可逆的,错过就错过了,不会给回补的机会。作为家长,要懂得把握孩子成长阶段的各个"敏感期",给予幼儿相应的适宜刺激,才能为儿童各方面能力的发展打下良好的基础。

关注陪伴内容适切适时:在孩子的每一个成长的"敏感期",父母的陪伴都十分重要,要根据不同的"敏感期"给予相应的内容。如在语言发展"敏感期",作为父母就需要语言刺激,父母不仅仅要和孩子多说话,还要和孩子一起念儿歌、讲故事、背诗歌等。如果错过语言发展的关键期,便会对孩子将来的语言发展带来影响。

第一篇章　如何爱一个孩子：与孩子建立积极的亲子关系

 **14. 孩子为什么如此退缩？**

【案例】

　　心语是一名小学四年级的女生，在这一次家长会上，老师让她的母亲留下来要好好就孩子的情况作沟通，原来老师认为心语平时的在校表现实在令人担忧，任何活动她都不愿意参加，不爱与其他同学主动交往，性格孤僻，几乎没有朋友。最让老师惊讶的是这一次校园艺术节，老师为了给她一次锻炼的机会，让她参加了一个小组唱的表演，结果没想到，心语竟然在第一次彩排的时候哭着"逃"回了教室。老师询问了原因，是因为心语觉得自己根本没有办法完成这一次节目的表演，她对自己极度没有信心，所以选择逃避。

　　接着老师询问了心语妈妈孩子在家的表现，心语妈妈似乎也含含糊糊说不清，只是表达她和心语爸爸工作很忙，回到家里几乎没有什么精力管孩子，孩子从小到大都很乖，也不声不响的，不让人操心，他们3个在家里基本上各忙各的，孩子一个人写作业不用人管，孩子的爸爸在手机上打游戏看小说，她则基本上是刷微信和买东西。

　　听了心语妈妈的表述，老师深深地叹了口气："孩子不声不响并不代表没有问题，不需要关注与陪伴。你们这样各忙各的，往往会让孩子产生一种被忽视感，这是非常不利于孩子的成长的！"

懂得自有力量

【分析】

美国心理学家赫洛克（E.B.Hurlock）曾做过关于表扬与批评效果的实验。研究者将一百多名四、五年级的小学生被试分为3组，各组学生能力相当。让这些孩子在不同的情境下进行学习。第一组是独处一室，不管不问的态度；第二组则对孩子所表现的优点逐个点名进行表扬；第三组是对孩子所表现出来的错误大声给予批评。实验发现，成绩最好的是第二组表扬组，其次是批评组，最差是忽视组。孩子的学习和成长需要大人的反馈，对孩子最为不利的是家长的忽视，那些得到父母足够爱的孩子，享受父母的爱，自信且内心充满力量；那些被忽视的孩子，则是小心翼翼地期待父母的关注，失望又无助。

【支招】

关注内心的感受：在当今物质生活极为丰富的时代，我们每个个体依旧需要丰富充盈的精神世界的需求，孩子也是一样，没有被关注感会导致孩子迷失方向，甚至丧失自我价值感。作为父母应该多关心孩子的精神需求，多与孩子沟通，让孩子感受到父母的关爱。当一个孩子感受到自己是被重视、被关注的，才会从内心拥有自我价值感，才会有信心主动适应，积极交往，迎接挑战。内心的强大力量才是孩子跑完人生终点的最持久的动力。

重视陪伴的方式：作为父母无论自己多忙，多累，都要想办

> 法抽时间去陪伴孩子,并且要注重陪伴的方式,不同个性的孩子,不同年龄阶段的孩子对于陪伴的需求也有所不同。有的是亲子阅读,在分享探讨中拉近亲子关系;有的是在运动竞技中融洽亲子关系,有的是父母静静在一旁,让孩子独自面对挑战,然后告诉他爸爸妈妈一直在身边支持他、为他鼓掌。

 ## 15. 孩子为何对啥都没有兴趣?

【案例】

涵涵读三年级了,学校老师反映孩子注意力不集中,成绩令人担忧。正好这一天是学校的半日活动,涵涵爸爸要去看看涵涵在校的表现。半日活动上了一节语文课和一节美术课,果然,涵涵爸爸发现涵涵在语文课上常常心不在焉。老师在课堂上想了很多办法调动孩子们的积极性,班里的同学们表现都是非常投入,但是看看涵涵,举手率为零,唯一的一次发言是小组开火车读课文,短短一句还错误百出。涵涵爸爸想,也许涵涵不喜欢语文课,美术课总是可以投入一些吧,却没想到孩子的问题还是一样,在老师的讲述过程中涵涵已经表现出没有兴趣和不耐烦,巴不得可以快点动手画,又因为没有好好听讲,所以自然也画不好。在画画的过程中,涵涵爸爸还发现涵涵不仅画不好,而且还很快就没有了兴趣,随意图,随意剪,一堂课结束,别的小朋友的作品呈现各有千秋,但是涵涵却

懂得自有力量

上交了一份歪歪扭扭的未完成作品。

在放学回家的路上,涵涵爸爸一边开车一边想,孩子到底哪里出了问题,坐在后座的涵涵拿着iPad在使劲划着戳着,涵涵爸爸气不打一处来,大声喝道:"不要玩了!"涵涵根本停不下来,一边玩一边还理直气壮地回答:"爸爸是你说的呀,你玩手机,我玩PAD嘛!"

【分析】

美国印第安纳大学布卢明顿分校研究人员在《当代生物学》(Current Biology)杂志上提出:陪伴孩子者的行为与孩子注意力的持久性之间存在一定关系。如今,智能电子产品日益普及,许多家长陪伴孩子时并不专心,经常还会做别的事情,比如玩手机、玩电脑等。家长在陪伴孩子的时候不够专注,就可能导致孩子在注意力方面的发育受到拖累,而集中注意力的能力却是影响一个人成就的重要因素。

【支招】

审视父母行为:父母的言行无时无刻不在影响着孩子,故此为人父母者时时需要自己觉察,常常叩问自己:"我这样做合适吗?""这样做孩子会如何看待?""这样做会带给孩子怎样的影响?"同时也要反思自己的行为,若是不恰当要及时调整,特别是作为家长,要抵制住电子产品的诱惑,专注陪伴孩子成长。

提升陪伴质量:父母与孩子建立亲密的亲子关系,需要每天一点一滴的积累,不是一蹴而就的。良好的亲子关系,需要高品质的陪伴,所谓高品质的陪伴,就需要每天确保有专注的陪伴孩子的时间量,父母在陪伴的过程中不想着压力、不想着工作、不走神,心无旁骛。在陪伴的过程中还要及时给予孩子正反馈,如摸摸头、拍拍肩、竖一下拇指、给一个拥抱等。

亲爱的家长,请暂时将手机抛在一边,抬头看看孩子吧!和孩子一起读书写字;和孩子一起唱歌舞蹈;和孩子一起运动旅行。听听大自然的声音,看看春夏秋冬的更迭,专注地分享与聆听,与孩子一同成长。

六、离家出走的隐痛

近年来,中小学生离家出走的情况时有发生。虽然离家出走的学生还是极少数,但是带来的影响却很大,不仅对他们本身身心健康造成危害,也给他们的亲人带来了巨大的痛苦,后果也无法预测。

 **16. 逃避不可行**

【案例】

这几天,小菲爸爸急疯了。孩子在上中学九年级,可是,突然不见了!小菲是单亲家庭,父母离异后小菲和爸爸生活。这个周一,一早小菲和爸爸说再见后就一直没有回来,小菲爸爸到处寻找,没有任何结果。后来爸爸在小菲的书桌上发现了小菲留下的纸条上面写道:"爸爸!我很痛苦!我真的真的尽力了!可还是没有用!不给您添麻烦,我走了。"小菲爸爸拿着这张纸条泪流满面,他知道小菲说的尽力是指她在学习上已经很努力,可成绩却总是不如人意。最近一次一模考之后,家长会上小菲爸爸被留了下来,老师表示这样

第一篇章 如何爱一个孩子：与孩子建立积极的亲子关系

的分数进高中有点困难，建议小菲爸爸考虑其他的更加适合孩子的学校。回到家，有些失望的小菲爸爸把自己一个人带大小菲的难处说了，也把老师的话说了，小菲听了哭了很久，爸爸也很难受，但不知道最后的结果竟然是这样。想到杳无音讯的小菲，小菲爸爸天天以泪洗面。

【分析】

逃避心理是指在现实生活中，当自己与社会及他人发生矛盾与冲突时，或者面对不能解决的矛盾冲突时，就想躲避、逃避的心理现象。虽然说趋利避害是生物的本能，人们通过逃避可以尝试另外寻找慰藉与解脱，但是青少年的生理及心理发育处于尚未成熟时期，缺乏正确地分析问题、解决问题的思维能力，他们面对问题与困难所采取的逃避行为，往往不仅不能解决问题，还会令自己遭遇到更大的难题。

学生离家出走属于偶然事件，家对于每个人来说应该是避风港，若不是矛盾积累到相当程度，达到无法忍受的程度，一般是不会离家出走的。上面案例中的小菲，本来就因为父母离异造成生命中有缺失的部分，学习不好又让她的内心倍感痛苦，加上父亲的失望，更是让她有了负罪感，最后一走了之。如果父母能够细心留意孩子，及时掌握孩子的心理状况，并适时给予一些心理支持，离家出走是可以防止的。

懂得自有力量

【支招】

给予情感支持：对于孩子，特别是情感细腻的孩子，作为家长要与之多沟通，多交流，交流的议题也不要仅仅只是学习，可以采取拉家常式的漫谈，不要有太多目的性，这样的谈话会让孩子感觉是相对安全的，能让孩子有一种被关注感。在漫谈的过程中，孩子自然而然会流露出自己的困扰和难题，此时家长亦不用急急地给出意见，而是要与孩子一同慢慢深入主题，一同探讨，更多的是运用鼓励，引导孩子运用自身的力量去克服问题。

克服自身脆弱：一般说来，孩子离家出走，很多都是因为家庭、学校的共同疏忽与失误而造成的。作为父母，在这之中承担着怎样的角色？很多孩子在遭遇失败之后渴望在家里得到休憩与抚慰，如果此时家长能够理性管理自身情绪，给予孩子一些正面支持，也许能够陪伴孩子渡过难关。在一次次的历练中，孩子可能就会学会如何应对。如果作为家长，却常常表达出一种非理性的忧虑与无措，那对于孩子的成长是没有任何建设性意义的，反而会使孩子的内心雪上加霜。

 **17. 任性的代价**

【案例】

凌晨，凌玲家门口驶来一部警车，让彻夜灯火通明的家一下子骚动起来，两名女民警扶着凌玲走进家门，凌玲身上穿着不合体的警服，看见凌玲，爸爸、妈妈、奶奶迎上去就七嘴八舌地说："宝贝你总算回来了！""是你爸爸不好！""是我们不好！让你吃苦了"……在一旁的民警说："现在不要这么早定谁对谁错，忙着道歉！把事情说说清楚，孩子在外面苦倒是没有吃到，只是她这样衣不遮体地出去了，万一碰到坏人怎么办？"一家人听到这里也是万分后怕。凌玲生活在一个没有原则的家庭，大人们对凌玲的态度也是妥协为主，时间一长，凌玲养成极度任性的个性，什么事情都要随她心意，否则，她就是豁出去什么都不管。这一次不知道爸爸说了她什么，十六七岁的她就二话不说，也不顾自己头洗到一半，穿着单薄的睡衣睡裤就离家出走了。

【分析】

任性是指听凭秉性行事或者恣意放纵，以求满足自己的欲望或达到自己的某种目标，执拗使性，无所顾忌，必须按自己的愿望或想法行事，有时候甚至表现为无理取闹。此时，父母作为孩子的一个重要他人，如何应对是非常重要的，是权威？溺爱？专制？还是忽视？

权威型父母施行"理性、严格、民主、关爱和耐心"的教育方式。孩子会慢慢养成自信、独立、合作、积极乐观、善社交等良好的性格品质。

专制型父母，用自己的标准要求孩子，不接受孩子的反馈，缺乏热情和关爱，要求孩子无条件服从，做不到及时鼓励和表扬孩子。孩子容易形成对抗、自卑、焦虑、退缩、依赖等不良的性格特征。

溺爱型父母，对孩子充满了无尽的期望和爱，无条件地满足孩子的要求。孩子会变得依赖、任性、冲动、幼稚、自私，做事没有恒心、耐心。

忽视型父母，不关心孩子的成长，不会对孩子提出要求和行为标准，对孩子冷漠，缺少对孩子的教育和爱。孩子自控能力差，对一切都采取消极的态度，还会出现一些不良心理问题。

本案例中的凌玲的父母是溺爱型，面对孩子的任性和无理取闹，家长采取妥协的姿态，几次下来，孩子就愈来愈任性，孩子的任性往往是父母对孩子的娇纵妥协的结果。

【支招】

要做合格的家长：我们一直在呼吁要做理性的权威性的父母，但是还是有很多父母做不到，做不到有时候不是不想做，而是自我能力不足，导致他们很多时候没有一种觉察力，没有应对力，不知道自己做的合不合适，有的甚至不知道该如何为人父母。所以父母的自我成长非常重要，家长需要不断学习，与孩子一同成长。

引导孩子拥有预见性：任性的孩子在言行上往往有各种不恰当的地方，他们不会审视环境、同伴、老师的状态，也辨不清自己眼前的冲动的后果。跟三四岁的孩子一样，他们只顾满足自己随时而起的兴趣和需要。如果家长能够引导他们，使他们拥有一定的预见性，能够初步预见自己肆意言行的后果，可能他们就会变得自控一些，自律一些。

第一篇章　如何爱一个孩子：与孩子建立积极的亲子关系

 **18. 外面的世界很无奈**

【案例】

亚伦的父母都有海外求学的经历，小时候亚伦在海外待过，父母离异后，他独自和父亲一同回国生活。国内的小学一下子让他适应不了，他的父亲以前也是靠努力读书再到海外留学的，所以他希望自己的孩子不要懈怠，于是就把亚伦的时间安排得满满的，不仅仅是学习方面的，还有各种兴趣班。然而，作为外企高管，亚伦的父亲平时工作很忙，一个周六，他把亚伦送去练击剑，却没想到亚伦就此失踪了。整整5天，家人亲戚、老师同学包括警察全员发动寻找亚伦。终于，在5天后找到了他，看到灰头土脸的孩子，谁也不敢多问这5天里到底发生了什么。和亚伦比较亲近的班主任老师问他："你能告诉老师和爸爸，我们今后要注意点什么？"孩子低着头说："我只是要自由！"老师又问："听说你是主动找的警察叔叔？"孩子点点头说："嗯！饿！"老师抱了抱他说："找警察叔叔这就对了！还是家里好吧！"

【分析】

自由，好像对现在很多学生来说是奢侈品，于是也就出现了另外一种声音，听很多这样的家长说："我们是散养，什么都不学。""我不过多地管束他，不能压抑孩子的天性。""只要他快乐就好，我们不要求他一定如何如何……"但是忙碌而充实的生活一定是不自由的吗？是不是什么都不学，什么都没要求孩子就自由了？答案一定是否定的。卢梭曾经说过：人生而自由，却无往不在枷锁中。也就是说，没有绝对的自由，个体一旦进入了社会状态，只有在各种社会约束与自我约束中才能够体会真正自由的快乐。上述案例中的亚伦以为离开父亲就自由了，而恰恰相反，偏离了正常的生活轨迹，到最后连吃穿都成了问题，何谈真正的自由？

【支招】

注重沟通了解需求：父母与孩子之间应该注重沟通，了解孩子需求，与孩子设置一些共同的、符合实际的目标，只有当孩子认为自己是在为自己的目标奋斗，他才会真正付诸行动。同时家长应该在过程中给予孩子一些自我管理和时间管理的策略，让孩子体验到奋斗与付出之后的成就感，他们才会越来越起劲地变被动为主动。

适度调整保持平衡：学习与成长从来就不是云淡风轻，一路坦途地获得成功也是如此，没有谁可以随随便便成功，都需要不断付出。但是，这并不代表可以像填鸭子那样将孩子的生活塞得满满当当。作为家长，一定要把握好孩子的心理需求与成长目标的平衡，把握好孩子的自身兴趣与所学内容的平衡，不要让自己的一厢情愿造成孩子的成长天平失衡。

以上陈述了离家出走的3种原因及对策，当然，中小学生离家出走重在预防！孩子出走之后，头等大事是把他找回来，要告知孩子的社交人群，并且及时报警。同时也要提醒媒体注意分寸，不要过度介入，以免给孩子的心理状态带来负面影响。孩子回来之后，切忌马上惩戒，也不要无原则让步。先让孩子回归正常生活和学习，等孩子平静下来之后，再通过各种途径了解他的真实想法，看看家长和孩子彼此如何调整，从而走向快乐和谐的学习与生活。

七、禁止的背后

最近有政协委员的提案引起网上热议,他们认为应该禁止16岁以下的学生使用智能手机,因为不少家长认为,智能手机会导致中小学生沉迷于网络游戏、影响学习,危害十分严重。还有家长认为孩子进入了游戏群,交了"坏朋友",智能手机是罪魁祸首,必须要禁止。但是,在下定论之前,我们是不是要先看看沉迷背后的原因呢?

 **19. 看见"禁止"背后的丧失**

【案例】

最近米丽迷上了网络上的一款族群游戏,她是群里的一个呼风唤雨的族长,天天沉溺在这种"好"感觉里,为此她没有完成寒假作业,开学第一天也旷了课。家里的空气一下子凝固了,妈妈要求家里所有的人都监督米丽,禁止米丽接触电子产品。那一天,妈妈正在做饭,一转眼发现放在桌上的手机没有了,跑到米丽的房间一看,米丽正在拿手机玩那个族群游戏。妈妈气不打一处来,抢过手机说:"已经警告过你了,禁止你玩手机,你没有听到吗?"万万没有想到的是,米丽竟然冲上来与妈妈厮打在一起。米丽的妈妈觉得天都要塌下来了,之前那个听话懂事的孩子跑哪里去了?此刻竟然会为了一只手机打自己的亲妈!

【分析】

心理学上有一个"禁果效应",就是说越是禁止的东西,越是让人想要得到,这是由单方面的禁止而造成的逆反现象。如果来深究这一心理现象的背后根源,其实是孩子内心某些能力的丧失,其中最重要的是自我管理、自我控制能力的丧失。心理学家阿德勒认为,改变行为是由内而外的,发现自我的意义和价值是首要目标。自控力的丧失背后是一个孩子自我意识和自我价值感的崩塌,生活无意义、生命无价值、未来无目标。所以,不是要给孩子创造一个"无菌"世界,而是要增强孩子自身的免疫力,而这种免疫力来自于让孩子拥有一个强大的自我。

【支招】

> **体验成功让自信从内心长出来:** 只有通过自己的实践得到的成功才能使自己拥有真正的自信,这一种从内心长出来的自信,在长时间里都是有能量的。所以,要让孩子尝试不同的体验,不

仅只有学习；家长要辩证看待成功，要看见孩子的努力与美好，如此方能让他们获得尊严与力量。

培养意志力让自控力循序渐进：自控力是人类最与众不同的能力，常常体现在"我要做"与"我不要做"之间的博弈，要关注"我要做"的目标会带来的积极意义，也要能够预见"我不要做"的那一些负性行为的后果，对于负向行为，从减少到暂停再到转移，这是一个慢慢来、循序渐进过程。

20. 刻意训练给信念带来希望

【案例】

　　林建经过了整整一个学年的调整，勉强从游戏世界中拔了出来，来到了学校，试着过正常的校园生活。对于林建来说，这是一个怎样的开始？他能不能真的放下手机？他不知道！因为他对自己实在没有太大的信心。幸好他遇见了王老师，王老师撇开手机不谈，只给了他目标、反馈、挑战3个关键词，然后将这3个关键词反复训练。王老师告诉林建，改掉一种坏习惯，形成一种好习惯，其实跟玩游戏是一样的：找到生活中的一个训练项目，制定目标，达成目标后进行反馈，然后再通过目标加码给自己新挑战。王老师协同班主任老师和家长一同来完成这一套方案，训练的最终目标就是：培养自我管理能力，人掌控手机，而不是被手机掌控。接下来的日子，林建的生活从一团混沌,慢慢地变得有节奏感。制定一个行为训练的小小目标,然后记录自己的达标过程并且进行反馈和整理,从中看到自己的进步和潜力,然后再制定新的小目标,就这样一小步、一小步地慢慢前进。就这样坚持了一个学年之后,林建对于手机的依赖开始有些好转了,更重要的是他内心开始有了信念:"我还是有希望的。"

【分析】

"刻意练习"是佛罗里达州立大学心理学家 K. Anders Ericsson 提出的,其观点的核心假设是:即使是专家级水平也是逐渐训练的结果,有效进步的关键在于找到一系列的小任务让受训者按顺序完成。在调整与改善的过程中要从小处着手,强调"小"与"系列"。强调"小"是因为制定"小"的目标,才有成功的可能性,这一种成功会带给孩子内心的自我价值的信念;强调"系列"是因为训练有周期性与持续性才可能看到训练的结果。

【支招】

> **改变的"小"目标要明晰**:如果说制定的目标是:每天阅读一小时、每天运动一小时、每天家务一小时等诸如此类,这样的目标等于没有制定,制定目标一定要具体到时间地点,甚至还可以写上监管人员及奖惩措施,如:每天早上 6:20～6:50 书房阅读(自我监控),19:30～20:00 书房阅读(自我监控),只有制定具

 懂得自有力量

体、明晰、量化的目标才有可能去检查、管理、控制与反馈,这样的训练才可能形成习惯。

"系列"的任务循序渐进: 在训练的过程中,要既见树木又见森林,能够从一个单项的训练入手,最后形成系列训练。通过单项的训练让孩子看到目标规划的意义、看到行为改变的规律、看到自己内在的力量,慢慢再去根据自己的实际情况,形成给自己制订训练计划的能力。改善的过程是能力积累的过程,也是产生自我积极信念的过程。

 **21. 生活细节唤醒自我意识**

【案例】

从补习班回家的路上,看看面无表情的洪毅,妈妈的内心又是一声深深的叹息。不想学习、不想上学、整天沉迷于网络。近两个月来洪毅已经不去学校了,妈妈没有办法,只好自己向单位请假,天天在家陪他,然后象征性地把他送到课外补习班学习。在洪毅妈妈的内心里,只是希望他能出来走走,与那个游戏有短暂的隔离。为了延长隔离的时间,今天妈妈建议母子二人不开车回家,而是走路回家。起初洪毅并不答应,后来在妈妈的坚持下,才勉强答应了。回家的路上,他们看见了流浪猫蹲在栏杆上在偷看他们;看见公园里有老人家挂着拐杖在乐滋滋地遛鸟;看见一个小孩在玩滑板车,

摔倒了哭了两下,又滑了起来;看见好多人行色匆匆,在为学习和生活奔忙。洪毅的妈妈感慨地笑着说:"你小时候也是这样一个玩滑板的孩子,摔多少跤也摔不怕。"说完这一句,妈妈居然发现洪毅的脸上有些许久违的若有所思的表情。

【分析】

心理学专家丹妮尔·爱因斯坦认为,智能手机应用程序以及散播的信息会促使人们的大脑分泌更多的多巴胺,所以人们容易对智能手机上瘾。也有心理学家认为:人在情绪低落的时候更容易受诱惑。因此,在日常生活中,不妨将孩子的生活安排得尽量丰富一些,提升孩子审美的感知力和感受幸福的能力,让他们能够感受到生活细节中的美好。若是孩子的现实生活已经是有滋有味、丰富多彩的了,那么他们又何必要逃遁到游戏里去呢?

【支招】

> **安排家庭活动令生活多彩**:家庭活动考量的是父母的生活品质观,家庭活动可以有很多,看书读书、下棋游戏、看电影展出、旅行摄影等。品质不在于有多大的花费,而在于全家人一起来,高专注度的投入,过程中彼此真诚互动,感受来自家庭内部的美好连接。
>
> **用心感受体察生活细节之美**:体察生活细节之美考量的是父

> 母对生活的感知力,需要全家动起来、走出去、记下来、说出来,生活中常常藏着太多令我们感动的细节,这一种对于生活细节中的美的感知能力,是游戏中所没有的。

遇到状况,不主张简单粗暴地一味"禁止",应强调的是培养孩子的内在力量来进行自我管理与自我控制,对于中小学生手机的使用,在某一些特殊的时间、场合,还是有禁止的必要的。如果已经发展到"游戏障碍",影响到了学习和生活,要去专业的医疗机构诊断与治疗。

八、给孩子一个台阶

问题往往是从平时一点一点累积起来的,父母与孩子沟通的过程中,要经常考虑到有没有给孩子一点面子,留一条后路,给一个台阶。这就要看父母的智慧了,开阔包容的心态往往会是孩子生命成长中的"光亮"。

 **22. 听懂内心的声音**

【案例】

七年级一班的班主任老师气呼呼地喊来了赵民的家长,原来中午吃饭的时候,老师突然发现少了8个男生。学生中午通常都是在食堂用餐的,一开始老师在食堂等,等不到就开始找,结果找了整整一个中午,眼看就要开始下午的课了,才看到8位男生一副"酒足饭饱"的样子回来了,在老师的盘问下,他们"供出"实情,原来是赵民提出今天要请大家"啜一顿"!同学们表示,本来也不想去,是赵民非要让大家去的,他还送礼物给同学们,不过听说赵民

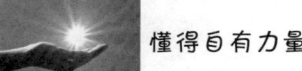
懂得自有力量

的钱是从家里爸妈那儿偷来的。赵民的爸爸听了老师的话,先是一个劲地和老师说抱歉,然后把孩子带回家一顿暴打,还把赵民关在家里不再让他上学,后来还是学校请出了青少年服务和权益保护办公室的工作人员,才让赵民重回了学校。

【分析】

如果试着去了解一下赵民的处境,也许赵民的爸爸就不会那么急着"动手"。赵民正处于青春期,也就是从童年期向青年期发展的过渡时期,是一个半幼稚、半成熟的时期,这个阶段孩子自我意识的发展面临着第二次的飞跃,往往极为关注自我的感受,亦关注周围人对自己的评价。赵民其貌不扬,成绩平平,在班里没有几个人注意到他,他感觉自己几乎要被边缘化,迫切希望得到认可。赵民的行为背后,是渴望关注、渴望朋友。家长从赵民的内心需要出发,加以引导,是不是就会有另一种结果。

【支招】

> **懂得即慈悲**:若孩子的内心正经历一个特殊时期,并遇到了交往、适应等困扰,而家长却无视他们的这一切,一味指责,无疑就是要将他们推到另一个边缘,会使他们的状况雪上加霜。不理智的处理会让一个渴望关注的孩子的自尊心土崩瓦解。家长要在懂得孩子心理的基础上,发自内心地对于孩子的处境表达由衷

的理解与体谅,懂得孩子的内心是教育的前提。

亲近即疗愈:作为家长,除了养育孩子,爱孩子,还应试着深入到孩子的心里去,去认真了解、去研究分析,将心比心,多多给予正面回馈,真正倾听孩子的话,了解他们所思所想。没有比拉近心与心之间的距离来得更好的亲子教育了。再忙,每天也至少应有一位家长,花一点时间与孩子多谈谈心,一起吃吃饭、聊聊天,一起谈谈人生。

23. 体察真正的需求

【案例】

这一次的家长会开得有点特殊,老师让孩子和家长一同参加,对象是那些所谓的学习上的"老大难",家长会的主要内容是老师们苦口婆心地分析考卷。李伦这一次又考砸了,老师在分析考卷的时候,李伦爸爸不停地问李伦:"这个你懂不懂?""这个呢?"然而李伦却支支吾吾地说不清楚,李伦爸爸气不打一处来,拿起考卷,当场就把考卷撕得粉碎。这一下,可把老师吓坏了,李伦更是为难得不知所措,停了几秒钟,他突然飞奔出教室,跑到教室外的阳台上,一条腿跨在阳台的栏杆上,幸好几个眼疾手快的家长和老师一起七手八脚地把李伦拉了下来。李伦没有挣扎,只是默默地流泪。爸爸见李伦没有危险了,又开始训他了:"跳楼!你倒是跳呀!不用来

懂得自有力量

吓唬我！"李伦再也忍无可忍了，一下子跳了起来："我已经很努力了！谁不想考好！我也想呀！要不是还有妈妈，我早就不想活了！"看见平日里内向的李伦如此"爆发"，大家目瞪口呆，这才意识到这个问题还不简单。

【分析】

每种情绪背后都代表着个体的心理需求，情绪是一种态度，是一种心理活动，如果细细分析情绪与需求的关系，依次按照"现实状况—情绪表达—内在需求—正面意义"一一解释，家长便能够意识到，孩子的每种情绪背后都代表着一个心理需求，这种内在的心理需求便是积极行动的出发点，家长不应简单粗暴地试图去消灭情绪。李伦出现的一系列情绪背后是深层的羞愧感与无力感，甚至还有恐惧感，爸爸没有看到李伦的内心渴求，也没有去处理这一些情绪里的负性认知，只是一味地施压，真是要出大问题的！现实生活中，家长要引导孩子学会观察自己的情绪，洞察自己的心理需求，采取积极的行动，预见事件发生的悲惨后果。

【支招】

> **懂得了情绪，就懂得了难题**：懂得情绪是一件不容易的事情，举例来说，生气的情绪是由其他的根源情绪引起的，生气的背后可能还有更多的内心感受，如无力感、羞耻感、恐惧感、愧疚感

等。需要细心观察,有效觉察,才能读懂情绪,看到孩子真正的难题。

理解了需求,就能调整应对:看见了孩子的难题,才会理解他的内在需求,这一种需求可能是归属的需要、尊重的需要,也可能是自我实现的需要,父母要和孩子好好聊聊,如:"看看你现在的困难是什么?""我们一起聊聊,看看爸爸妈妈是不是能给你一些过来人的经验!"理解了孩子内心,需求之后,做出积极有意义的调整,才是对于孩子有效的支持。

24. 给予由衷的支持

【案例】

齐力并不是一个特别优秀的孩子,他性格内向、不够开朗,成绩也是中等。但同学们都知道他唱歌还不错,这不,这一次校园歌咏会的领唱,大家推荐由齐力担任领唱。尽管老师们有点担心齐力会怯场,但还是想给他一个展现自我的机会。只可惜,比赛那一天,当着全校同学和一部分家长的面,齐力有点紧张,领唱时快了一拍,还起高了音,合唱成了一片混乱。退场后,大家无心留在现场,垂头丧气地回到了教室。老师怕内向的齐力难过,晚上就给了齐力的家长打了电话,大致内容是告诉家长比赛的情况,说齐力一定很难过,让家长照顾好齐力的情绪。齐力的妈妈得知这一情况后,并没

懂得自有力量

有多说什么,而是在接下来的日子里陪齐力去听了音乐会,还给他报了声乐班,双休日风雨无阻接送。有一天,齐力对妈妈说:"谢谢你们,给我的包容与支持!尽管我可能真的不适合抛头露面去表演,但是您陪我走过的这一段,让我知道,人生没有山穷水尽的时候!"妈妈摸摸齐力的头说:"看看我的儿子讲得多好!妈妈也要谢谢你看见我们的关切!我们永远是你坚实的后盾!"

【分析】

　　孩子在成长过程中,经常会有目的地想通过行动去实现自我,在这个过程中,他们有可能遇到阻碍,甚至遭受失败,并因此出现失望、痛苦、沮丧、不安等负面的情绪。这种时候,家长的反应很重要,遭遇失败的孩子要的不是质疑、批评与否定,而是可以调整休憩的港湾。要给予孩子梯子,给他们一个台阶,让他们顺梯而下,再给予一些适切的分析或者是有效的支持,那么,这样的失败对于孩子来说反而有可能成为成长的里程碑,能让他们对于今后的成长道路形成积极有效的经验。

【支招】

> **给一点分析,给一个台阶**:当家长能够理解孩子的现状,就要试着给孩子一个台阶,以包容的心来对待孩子成长中的问题,要看得见孩子的付出与努力,并试着去分析孩子的初心,父母可

> 以这样说:"你这样做只是想在班里交到朋友?""你这样做是想证明自己!""你这样的想法每个人都会有。"这样就有可能既能够让孩子道出了心声,也很好地保护了孩子的自尊心,从而能够释然,坦然面对摆在眼前的问题。
>
> **给一些支持,给一个许诺:**给台阶并不意味着无原则的包容,更不是听之任之,要把每一个"事件"都当做一个契机,在心平气和地引导孩子看清问题的同时,给予一些真正的支持与协助,还要告诉孩子,父母一直在你身边,也许不能完全帮助到你,也许很多事情只能靠自己,但陪伴也是一种力量,可以一起看见问题内核、看见内在力量。

给一个台阶,是一个温暖的举动,在孩子的一个个失败之后,家长要用智慧托住孩子"道阻且长,我心依旧"的信念。

九、宝贝，对不起！

在一次亲子成长活动中，主持人组织家长在做一个"对不起，我错了"的游戏，游戏规则是：1是向前，2是后退，3是向左，4是向右，5是向后转，在主持人报出数字后，家长要跟着指令做出相应的动作，如果做错了，就要举手示意，并且喊一声："对不起，我错了！"再主动出局。游戏结束之后，作为观察员的孩子发现了很多问题：有的家长错了还在里面浑水摸鱼，有的家长错了好几次才愿意说上一声："对不起，我错了！"还有的家长发现自己错了就直接走出游戏圈，什么也不说。主持人做最后点评的时候问了所有家长一句："各位尊敬的家长，说一声'对不起'真的有这么难吗？"小小游戏是不是折射出现实家庭教育中的一些真实的问题呢？

 **25. 家长说对不起，孩子才会说对不起**

【案例】

咨询室里坐着一家三口，浩浩的爸爸、妈妈坐在一张沙发上，

| 第一篇章　如何爱一个孩子：与孩子建立积极的亲子关系

浩浩一个人坐在对面的沙发上，就读7年级的浩浩因为出现了种种品行问题被老师推荐送来咨询。没等咨询师开口，爸爸就指着浩浩质问："说说你缺什么？为什么要拿人家同学的东西。"妈妈也跟着说："拿了别人的东西为何还要扔在厕所里，你为什么这样？为什么？还有为什么要剪前面女生的头发？还在上课时和老师作对，让老师无法上课？"面对父母连珠炮式的质问，浩浩一脸无所谓。

看着浩浩父母怒不可遏的样子，咨询师忙站起来对着家长耳语了几句，然后让浩浩留下，带着父母到另一间咨询室去了。当浩浩父母再一次回来时，妈妈坐到了浩浩的同一张沙发上，爸爸依旧坐在对面，但是身子前倾，似乎是试图想与浩浩靠近一些，酝酿了一会儿，浩浩爸爸说："儿子！爸爸看到你做的这些事情真是很难过！在爸爸的心中，咱们浩浩真不是那样的孩子呀！也是，爸爸妈妈近些年都挺忙的，不像你小时候可以常常陪伴你，其实爸爸妈妈就是想多挣些钱，给你一个好一点的环境。我一直想呀，如果有一天你对我说：'老爸我想去留学'。那老爸现在就得拼命努力工作呀！"听到爸爸这么说，浩浩的表情开始缓和下来了，浩浩爸爸依旧沉浸在自己的思绪中，真诚地表述："哎！可能这两年我们比较忙，确实疏忽了你，现在你渐渐长大了，我们却不知道你心里想的是什么，对不起！"听到这里，浩浩的眼泪下来了，他用力擦着眼泪说："不要说了，不要说了，是我错了，对不起！我改！"坐在一边的妈妈顺势把浩浩揽在怀里……

懂得自有力量

【分析】

看到上述案例，我们不禁要问，父母的一句"对不起"真的有这么大的魔力吗？真的有。家庭是一个团队，团队中的每一位成员有足够的动力，并且成员目标一致时，就形成所谓的"团队合力"，这个团队才能不断向前。当家庭成员尤其是孩子感觉到自己被忽视、被孤立、甚至被嫌弃的时候，就会产生反向力，这种反向力就会使团队无法前进，甚至还会后退。这时候作为家长，需要反省内观自己，只有家长发现自己的过，才会原谅孩子的错，并且有了这样的态度，对孩子的评价也不会独断和片面，这样与孩子的沟通才会是真诚有效的。

【支招】

> 说"对不起"要恰到好处：家长对孩子说"对不起"，也是要把握分寸的，要慎用对不起，在适当的时候表达。整天放在嘴边的"对不起"是没有含金量的，这种没有含金量的自我检讨也没有太大意义。
>
> 说"对不起"要真心诚意：家长的"对不起"是自我反思的结果，并且在说了"对不起"之后更要思考如何有效改善，这样才是真诚的"对不起"，也只有发自肺腑的真诚才会打动孩子。认真说"对不起"，不仅是一种榜样示范作用，还可以成为孩子改善言行的动力。

第一篇章 如何爱一个孩子：与孩子建立积极的亲子关系

 **26. 说声对不起不丢人**

【案例】

阳阳与母亲就这样执拗着坐着，阳阳母亲是一位女强人，单亲妈妈，对孩子要求苛刻，学业成绩要年级组数一数二，课余时间几乎都让孩子在各类补习班上度过，因此，六年级的阳阳产生了逆反心理，开始"罢工"，先是不去上补习班，接着不去学校上课。

阳阳妈妈稍作调整后又开始新一轮的"审讯"："说！为什么不去上学！"

阳阳不语，一副将沉默进行到底的样子。

看到阳阳不说话，妈妈更加气不打一处来："说呀！你倒是说呀！你不说话能解决问题吗？"

阳阳听到妈妈这样说，干脆连看都不看他妈妈了，眼望天花板。

面对孩子的不言不语，阳阳妈妈一点招也没有，这个在人前处处要逞强的单亲妈妈回忆自己与孩子走过的艰难过往，泪水不知不觉流了下来，在那里自言自语道："人家都说我是女强人，所以我天天硬撑着，我不想示弱，我希望我的儿子也要比别人强，我总觉得太多眼睛看着我们，我们不能比别人差，我丢不起这个人！在你的教育问题上我也是这样，我也知道有时候我比较武断专制，但是多年不认输的经历告诉我，即便是发现了不合适了我也要坚持，因为

懂得自有力量

我丢不起这个人！"

阳阳听到这里突然站起来大声质问母亲："我们两个之间还讲丢不丢人？你把我当成什么？"

也许是一语点醒梦中人吧，阳阳妈妈喃喃地说："是呀！儿子！对不起！和自己儿子说抱歉不丢人，妈妈把一直以来的固定思维模式用在你身上了，你可是我的最最宝贝的儿子呀！"

阳阳的眼泪也下来了："妈妈！你以后不要硬撑了，我们有话好好说可以吗？"

阳阳妈妈不住点头："好！好！妈妈改你也改，好吗？"

阳阳用力点头。

【分析】

常常有家长觉得自己既然是一家之长，就得什么事情都说了算，不可以轻易道歉，即便是错了也要硬撑，以此来捍卫所谓的"威严"，"强悍"的阳阳妈妈便是如此，生活经历告诉她不能轻易出错，更不能轻易认错，即便有错也要硬扛。但其实，当自己在教育孩子问题上确实出现了问题，对自己的孩子说一声"对不起"不丢人，恰恰相反，会反省自我和进行自我检讨的家长会得到更多孩子的认可，这一种认可是很好的心理基础，有了这样的心理基础，孩子才会更加接纳父母，并对自己的行为有所调整。

第一篇章　如何爱一个孩子：与孩子建立积极的亲子关系

【支招】

> **弯下腰板平视彼此：** 在孩子学走路的时候，作为父母会弯下腰，蹲下身子，搀扶着孩子前进，那时候的父母是不厌其烦的，随着孩子渐渐长大，父母有时候会忘记，渐渐直起的腰板有时依旧需要弯下。因为父母弯下腰板、放下架子才可以更加贴近孩子的心。
>
> **平等相处懂得协商：** 道歉就是父母与孩子平等相处的一种表现，要懂得协商，父母给孩子的不一定是错的，但是有的可能是不适合的，在与孩子共同成长的过程中，父母的决定和举措不可能每一个都是可行的，此时需要和孩子商榷，这样的一种协商不会让父母在孩子心中"失分"，协商背后对于孩子的尊重反而会给父母"加分"。

 **27. 对不起不止停留在言语**

【案例】

在老师办公室里，小强的爸爸又被老师"请"来，因为小强常常不写作业。几位老师针对小强的近期表现与小强爸爸沟通，小强爸爸态度极好，一直点头称是，然后说很抱歉自己工作忙无暇管孩子，回去一定有所调整。接着小强爸爸就对小强说："作业怎么能不写呢，老师说的对，以后可不能这样！知道吗？男子汉说到就要做

懂得自有力量

到！当然，爸爸呢也不好，太忙！对不起啊！以后会多多陪伴你。我得好好检讨！好不好？"然而，在一旁的小强撇着嘴，一副不买账的样子，看着小强这副模样，老师觉得有些生气："爸爸都和你说抱歉了，你还不表态呀？"小强小声嘀咕了一下，老师说："有什么话你就说出来嘛！没有关系！"小强鼓足勇气说："别听我爸的，一直说对不起，只是嘴上说说的！没有什么变化的。"老师这才发现问题的根源，追问道："你的意思是你爸就现在说说而已，行动上却没有？"小强不敢说话了，轻轻点头，小强的爸爸赶紧解释："老师，不好意思呀，我道歉是真诚的，但是忙也是确实的！"老师也认真地说："小强爸爸，教育孩子并非儿戏，不是糊弄一下就可以，既然说了抱歉，表明了态度，那么就应该及时跟进，一方面，言而有信可以成为孩子的榜样，另一方面，说到做到也会让孩子没有办法钻空子。记得态度影响结果！"小强爸爸听了连忙说："是是是！老师说得对！很抱歉！"老师说："不要再说抱歉了，回家制订个计划，和孩子一起改变，一同成长。"

【分析】

　　案例中小强的爸爸的言行不一致，随意地说抱歉、讲对不起，这一种敷衍了事的作风，传递给孩子的信息是："爸爸并不重视我，只是说说而已。"父母的敷衍，久而久之会让孩子产生一种无价值感。同时，父母的言行潜移默化地影响着孩子，孩子可能会仿效，在生活中、学习上也会不自觉地言行不一致，说归说，做归做。

第一篇章 如何爱一个孩子：与孩子建立积极的亲子关系

【支招】

> **勇于道歉坦诚相见：** 适时地向孩子道歉，有利于改善亲子关系，也有益于提高父母的权威。父母还起到了一个以身作则的表率作用，当父母以一种谦卑、平等、平和的态度来对待自己的孩子时，孩子也会学习到这种好的品质。父母做错事向孩子道歉了，孩子自然就会知道，以后他们自己做错事了，也要向父母或者被伤害到的人道歉，父母的以身作则始终是最好的教育方法。
>
> **敢于行动真诚应对：** 父母是孩子最好的起跑线。家长们在审视自己行为的同时，更要认识到道歉容易行动难。家长在说对不起的时候，要认真考虑自己能做哪一些调整，做不到的不要轻易许诺，一旦作出许诺，就要一本正经地对待，付诸行动，因为身教重于言教。

说"对不起"的意义是增进感情，道歉背后表达的是我在意你！如果可以，让我们一起有所调整，让爱走得更远。

十、请给拐弯一个缓冲

当开车遇见需要拐弯的时候,导航仪就会提醒:"前方弯道,注意减速慢行!"生活中我们也会遇到弯道,在遇到生命的转折点的时候,也应该要能够给自己、给孩子一个缓冲:"不着急,慢慢来,过了弯道再加速!"

 **28. 和曾经说再见**

【案例】

琳琳妈妈是一位成功的职场女性,什么事情都是淡定从容,但是这一次女儿的短时间"失踪"让她变得不再淡定了。琳琳今年上五年级,新学期刚开学一个礼拜,琳琳就说不想去上学了,第二周的周一,好说歹说地琳琳才同意去上学,结果上班的时候,琳琳妈妈收到了老师的电话,说孩子根本没去学校。大家满世界地找,最后竟然发现她躲在她自己的衣柜里!

琳琳是一个转学生,为了进这个较好的九年一贯制学校,妈妈

| 第一篇章　如何爱一个孩子：与孩子建立积极的亲子关系

买了房，搬了家，才在琳琳五年级上学期时将她安排进了这一所学校。妈妈表示，想了很多办法，好不容易才进了这所不错的学校，却没有想到孩子竟然如此表现，她问班主任老师："老师，难道父母这份苦心错了吗？"班主任老师说："父母的良苦用心没有错，琳琳心里也是知道的，只是她现在仍旧面对的是'急转弯'，要给这个'急转弯'一个缓冲，才能平稳过渡。"

【分析】

现代社会是一个充满了变化和流动的社会，从城市的一头搬到另一头，从一个城市迁到另一个城市，在"大迁徙"的过程中，人们获得了更好的发展机会和生活条件。转学也是如此，也许新的学校在各方面都是一个更好的学校，但对于转学的孩子来说，在新的环境中，初入集体的孤单、重建关系的不易、成绩荣誉的落差、老师偏爱的丧失，这一切仍会像涨潮的海水一样涌来。心理学家托马斯设计的"心理压力分析表"上，"转学"位于第18位。可见转学对孩子来说，并非一件轻松的事情，需要就孩子转学适应的问题多交流、多分析、多探讨。

【支招】

尽早沟通积极倾听：做一个民主的父母，转学前先与孩子做沟通，征得同意，当然如果因为现实原因非转学不可，也要早日

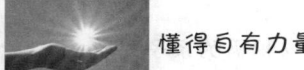
懂得自有力量

和孩子摆事实、讲道理，把事情说清楚，这样孩子在心理上可以尽早做好准备，对以后的适应打下心理基础。孩子进入一个新的环境，父母应该主动询问孩子在新环境中遇到的问题，认真倾听孩子的诉说。听孩子诉说本身也是给孩子减压，在孩子的诉说中，家长还会了解到孩子对新环境的认识、评价，甚至能听到孩子的苦恼。此时家长可以告诉孩子抛开自己是局外人的想法，教给孩子与人相处之道等交往小方法帮助孩子排解烦恼，树立自信心。

鼓励交往真诚陪伴： 作为插班生，父母要鼓励孩子主动与人交往，不要过度苛求周围的人和事，尽量以包容的心态去和别人相处，多发现别人的优点，不要总怀念过去。父母可以在征得孩子同意后，邀请附近的新同学到家中聚会，由此让孩子产生新的归属感，帮助孩子更快适应新学校。面对孩子的转学适应性问题，父母还应多留出一点时间来陪伴孩子，多观察、多了解、多倾听，以缓解孩子心理压力，消除其孤独感，让他们感受到轻松和温暖，产生归属感，尽快适应新环境，快乐轻松地学习和生活。

29. 和伙伴说再见

【案例】

这几天婧媛天天睡不着觉，妈妈觉得很疑惑，因为以前婧媛

第一篇章　如何爱一个孩子：与孩子建立积极的亲子关系

一直睡眠很好的，难道是这段时间遇到什么问题了？可是问了婧媛，婧媛也不肯说，有时候婧媛还会眼泪汪汪地说："我也不知道为什么！"妈妈觉得问题很大了，赶紧去学校问班主任老师，老师想了想说："最近，婧媛学习也是心不在焉，可能是因为隔壁班有一个小朋友突然过世，她们俩都是学校大队部宣传干事，经常在一起工作，想来是这件事情对婧媛产生了影响。"老师把婧媛推荐给了心理老师，婧媛在心理老师那里哭了又哭，老师在一旁默默陪伴。之后，老师告诉婧媛妈妈这可能是一种创伤后心理失衡的表现。回家以后也要加以疏导让孩子表达自己的情绪，释放自己的负面情绪，不用勉强自己，一切慢慢来，要留意孩子的状态，表达关切之情，老师建议婧媛妈妈每隔两天就来反馈一下孩子的状况，以便及时做出一些恰当的干预，必要时转介到专业医疗机构接受心理治疗。

【分析】

创伤后应激障碍（PTSD）是指人在遭遇或对抗重大压力后，其心理状态产生失调的后遗症。这些遭遇包括生命遭到威胁、严重物理性伤害、身体或心灵上的胁迫等。心理学家指出，亲密伙伴死亡在青少年人生改变事件等级量表中位列前三。在当今，中国儿童青少年兄弟姐妹比较少的情况下，伙伴的突然离世对于他们来说是一件创伤事件，他们会在未来的数周内产生一些身心反应，如悲伤、恐惧、无助等。这是正常人对于非正常的情境的一种正常反应。如果顺利度过，人生就可能海阔天空；但如果迟迟无法平复那么对日

 懂得自有力量

后人生的发展就会产生负面影响。

【支招】

> **不要隐藏感觉，要鼓励表达：**首先要让孩子知道，要肯定自己的这种心理反应都是正常的，不要因为逃避跟别人的诉说，让别人错失了解自己帮助自己的机会。鼓励孩子把情绪说出来，让家人一同分担，家长可以通过让孩子画一画、写一写等方式来表达宣泄情绪。
>
> **不要勉强遗忘以维持常态：**告诉孩子面对哀伤事件，不要强迫自己遗忘，可以悲伤停留一下，并试着将这种感受表达出来，要允许孩子花点时间来调试。家长应尽可能维持日常生活的规律，如饮食、睡眠等，同时鼓励孩子"走出去"，不要孤立自己，多和家人朋友在一起，多谈论自己的感受。如果哀伤的时间持续超过4～6周，并且影响到日常生活，建议转到相对专业的医疗机构接受心理治疗。

 ## 30. 和我的"宠物"说再见

【案例】

最近，班里的同学发现一向乐观的宁重情绪变得低落，也不和同学们一起玩，而且每天都在画狗。作业本上、语文书上、数学书

第一篇章　如何爱一个孩子：与孩子建立积极的亲子关系

上，宁重不停地画呀画，画得都是狗。班主任老师觉得宁重的这个状态不对，就请来了家长。来学校的是宁重的爷爷，当老师说起宁重在学校的表现的时，爷爷说："可不是嘛老师！我们也正愁呢，家里的狗来福病死啦。孩子就不依不饶的天天在家里跟我发脾气，问我要那只狗。真的不知道拿他该怎么办。"老师问："这狗是怎么来的啊？"爷爷一声长叹："哎！老师我跟您说吧，这孩子对这只狗的感情还很复杂！那是他妈妈和他爸爸离婚时，孩子的妈妈送的，孩子被判给了我们家，孩子的妈妈不久就出国了，所以他特别看中这只狗，觉得好像这只狗没了，就好像他和他妈的关系就断了。哎，这孩子，我们真是不知如何是好啊？"

【分析】

宠物有时对于主人来说，可能就是一种精神支持与心理安慰，有时候也会成为主人的依恋的对象或者是依恋对象的替代。美国一项对饲养宠物与心理健康关系的研究证明，宠物可以帮助人们减缓压力，拥有安全感，可以帮助孩子更好地与他人互动，当有宠物出现时，他们会表现出更为积极的社交行为。宠物还可以帮助孩子学会安慰他人与分享，研究进一步增加了证据，表明宠物可以减少压力、改善情绪，对主人的精神状态与身体健康均有着积极的影响。

【支招】

> **学会客观认知不必自责：** 面对宠物的离世，家长应给予孩子直接、诚实及简单的答案：宠物的寿命通常只有几年或十几年，像其他任何美好的事物一样，有拥有，难免就有失去。宠物过世后，孩子感到悲伤难过是自然的情绪，不要让孩子过分怪责自己，生老病死是自然规律，宠物更是如此。
>
> **通过告别仪式转移悲伤：** 宠物过世后，可以安排一个告别仪式，在仪式上把宠物的物品收起来，用合理的方式安排处置，在仪式中好好说再见，让宠物永远都留在自己心中。可以找一些正向替代性的活动，如运动、郊游等方式，让孩子的注意力重心转移。

著名社会学家吉登斯认为，生命可以看作是一系列的"过渡"，人们通过协调这些"过渡"之间的转变，对付"过渡"过程中的风险、机遇，才得以自我实现。

十一、极端背后的警醒

"弑母"是多么有悖人伦的极端案例,近年来此类事件也陆续见诸报端,我们不禁要问:为什么要用如此残忍的方式对待生养自己的母亲?是不是可以通过这一些极端案例,对于原生家庭、养育方式、亲子关系多一份觉察与警醒,看看自己有没有在不知不觉中,在孩子的心中埋下了"恶"的种子。

31. 要给"完美小孩"的隐忍一条出路

【案例】

吴宇是单亲家庭里长大的孩子,吴宇妈妈是一个极其克制的职场女性,很少买新衣服、从不逛街、没有闺蜜。她对吴宇的要求相当高,总说吴宇将来是要撑起这个家的。吴宇确实很争气,从小就是大家眼中一个的完美小孩,懂事、乖巧、成绩优异,现在就读于一所重点高中。这一天,班主任老师打电话给吴宇妈妈,发现吴宇在寝室里有自伤自残的现象,老师建议家长先把吴宇带回家去好好的和孩子聊一聊，有必要的话去看一下心理医生，在确保安全的情况下，再把他送到学校来。妈妈来到学校，十分痛苦地说："你知道妈妈有多难，多难也过来了！你有什么过不去的坎？你怎么这么不体谅妈妈啊？你让我多失望！"吴宇头也不抬地说："我都快要死啦！你还这样不依不饶的，你是真的想让我去死吗？"

【分析】

一个完美小孩的隐忍，往往背后是家长的"高压"控制。孩子将所有事情藏在内心，无论是否能接受，表面上都要不动声色地面对，还要力求完美。这种隐忍更是一种心灵折磨，过度的隐忍也可以是一种内心的扭曲。隐忍型性格的孩子，通常在成长过程中都受到家长的种种控制，他们克制忍让，积累满腹的怨气却没有出路，一直压抑在自己的内心，时间长了，这一份隐忍就可能会发酵成一些外化的行为，表现为对外的暴力攻击或者对己的自残自伤。

【支招】

觉察隐忍给隐忍松绑：隐忍带来的心理上的折磨，有时候即使通过很多年的努力，也不能释然，因为多年的隐忍压抑已经进入了潜意识，一旦有诱发事件，随时会被唤醒，随时会被激活。家长需要尽早预警，觉察自己的过度控制，给孩子的隐忍一条出路，一旦隐忍无路可走，酝酿成行为，就覆水难收，且后果严重。

> **没有完美却无限接近完美：**父母对孩子有期待没有错，父母对孩子也是要有期待的，只是这期待要适时、适切、适度。这世上真的没有完美小孩，但是家长可以告诉孩子，我们可以一同努力，一点点来，一点点提高，尝试无限接近完美。

 32. 要给"高质量陪伴"一个定义

【案例】

小芬离家出走，在外边碰到了坏人，发生了性侵事件，最后是被警察叔叔送回来的。送回来的时候，看着两眼呆滞的小芬，小芬的爸爸妈妈觉得天都要塌下来了。他们实在想不通，小芬为什么要离家出走，为什么不懂得父母的爱和辛苦。为了支付昂贵的学费，夫妻二人都在外面做兼职。双休日不是在送小芬去学习的路上，就是在小芬学习培训班的外边等待。他们不舍得吃、不舍得穿，全心全意供小芬在国际学校读书，还参加各种培训班。他们真不知道自己做错了什么，这么的努力去养育一个孩子，为什么结果会是这样？

【分析】

在这样一个急功近利的时代，所谓的"成功学"大行其道，于是焦虑、抑郁时时伴随我们左右，弥漫在社会的方方面面。家长也

懂得自有力量

裹挟其间,他们把焦虑化作马不停蹄,他们焦头烂额,在忙忙碌碌里觉得自己似乎已经尽心尽力。心理专家提出,要让孩子走得更远,飞得更高,需要的其实是父母高质量的陪伴,就是说,父母要将自我教育与教育孩子有效结合,亲子间相互了解、相互学习、相互启发,全身心地投入,增进亲子关系的良好互动,彼此相互享受专注而放松的亲子之爱。良好的家庭关系,才是孩子真正的内心源动力。

【支招】

> **自我成长,将平和融入教育:** 人生本来就是一个不断学习和成长的过程,对于父母来说一样需要学习与成长,在不断学习中提升视野和格局,拥有方法与策略。这样的父母不会随波逐流,人云亦云,遇到问题也不是大呼小叫,而是审慎理性,有法有度。真正感受到把养育孩子成人是不断提升自我和品味幸福的过程。
>
> **关注需求,将爱与勇气装进行囊:** 高质量的陪伴不是家长自以为是的付出,而是家长要懂得顺势引导,不是生硬要求孩子对某项事物产生兴趣,而是要发现孩子内在需求,尊重他们的想法与禀赋,给他们自由发展的空间。作为家长要能够读懂孩子的心理需求,并给以恰当的回应,这才是帮助孩子真正建立安全感,并为孩子将来走向外部世界储备好足够的心理资源。

 33. 给"家庭冷暴力"一个否定

【案例】

在一节心理课上,老师让大家画一画自己的心情颜色,同学们都把自己的心情画得花花绿绿的,其中还是有几张有一些特别,真真的这一张是一片浓浓的暗紫色,而冬冬的这一张是一片火红,火舌还蹿到了他的头顶上,冬冬头顶上长出了长长的火苗,一直延伸到纸张的边缘。心理老师觉得要和真真、冬冬好好聊一聊了。首次谈话下来,心理老师认为,他们两个孩子都在遭受家庭冷暴力,只是所形成的行为模式不一样而已。现实生活中,真真哀怨、忧伤,一副自卑且怯生生的样子;冬冬易怒、暴躁,一点就着的样子。细细分析,他们两家的家庭关系都是非常的冷淡、冷漠,爸爸妈妈在情感和言语上冷落孩子,甚至让孩子有被嫌弃的感觉。

【分析】

心理学的依恋理论认为,心理的稳定和健康发展取决于心理结构中是否有一个安全基地,人们都有依附的需要,这个可以依附的对象,必须是可以信任的并且能够提供支持和保护的重要他人。内心的安全基地如此重要,可是家庭冷暴力恰恰是在摧毁孩子内心的安全基地,一旦孩子没有安全感,感到自己被嫌弃,便开始怀疑自己的意义和价值,哪里还有什么心思好好学习天天向上。严重时,

 懂得自有力量

家庭冷暴力还会产生新的暴力。

【支招】

> **自我觉察习得正确方法**：有时候家长表示也很冤枉，觉得自己不是冷暴力，而是实在没有其他办法了。冷暴力真是一件有风险的事情，面对你的冷暴力孩子也许不会记恨，但是可能会在他的内心形成内伤。家长要学会更多地跟孩子平等对话，给他尊重，相信他，让孩子形成一个积极的自我形象。
>
> **在细节处传递爱与暖**：家庭教育中的情感十分重要，情感的流动会带动家庭成员的内在能量，去迎接挑战，去战胜困难。家长要有智慧，让细节之处充满爱意与暖意，和孩子一起读书讲故事，一起游戏打球，一起在沙滩上听海浪的声音，和孩子一起发呆。用心陪伴孩子的时候，幸福就是真实存在。

"读史明智鉴往知来"说的是读以往的历史发展，可以明白清醒，鉴别以往的过错，知晓未来需要如何发展。当我们看到那一些极端案例，是不是也可以去鉴别、警醒，进而来安排之后的发展。

第二篇章

如何爱自己：
让孩子建构与自我的积极关系

每一种色彩的不同
因为站在离光不同的位置

十二、悦走人生路

常常看到一些鲜活的生命戛然而止,还未盛开的花朵突然夭折,不由得让我们扼腕叹息。很多时候,一个举动往往是为了解一时之气,然后便有了一念之差,可是对于生命来说没有万一。所以家长要懂得洞悉自家孩子的一举一动,并且做出积极适切的引导。

34. 自我中心的"小太阳"

【案例】

因为爸爸妈妈工作忙,没有时间带孩子,小刚是由爷爷奶奶带大的。小刚名如其人,从小个性固执倔强,很难变通,稍不顺心就要大发脾气。然而,老两口没有意识到问题,还乐呵呵地给孩子起了个"混世魔王"的花名。对于小刚来说,一切从来都不是自己的错,都是别人的错,即便是摔了一跤,那也是路面的错。慢慢地,小刚养成了一种唯我独尊的个性,眼中只有自己,从来不会考虑他人。在家里,家人都可以迁就他,但是一进幼儿园问题就出来了,

 懂得自有力量

小刚和小伙伴之间的摩擦天天有,常常为了一块饼干、一条板凳之类的小事大吵特吵。爷爷奶奶经常要去幼儿园处理此类事件。进了小学,小刚的问题更加严重了,事故频发,慢慢的小朋友们都开始"躲"着他,疏远他。可是小刚还是需要归属感的,由于从小没有被正确地引导,小刚的交往方式有些许"另类",常常通过捣乱引起别人的注意,结果同学们更是敬而远之,无奈之下小刚铤而走险,他用暴脾气来恐吓老师和同学们:"你们再不理我,我就跳楼!""你们欺负我,我要撞墙了!"老师们听到吓坏了,小刚的暴脾气得到了和颜悦色的安抚,这样的强化让小刚变本加厉,一有冲突就"寻死寻活",老师和同学们只能严加防范,然而百密总有一疏,一天中午,大家都在自习,老师们还没有进教室,小刚因为值日生不小心蹭落了他的作业本,就开始大发脾气,也许是同学们有时候对于他的发脾气有一些麻木了,也许是中午时间大家都忙着各自的事情,没有顾得上小刚,小刚看到大家没有理他,就搬了一把椅子,站了上去,准备爬上窗台,因为学校的窗台比较高,他费了老大劲才爬了上去,对大家说:"你们都欺负我!我要跳楼!"还好,刚好被走进教室的班主任老师看到,想办法"哄"了下来。尽管小刚不一定会真的跳楼,但是班主任老师还是十分地惶恐,万一失足呢?若是真的没有人关注他,会不会一时气急假戏真演?到时候要怎么办??

【分析】

自我中心是近代有名的儿童心理学家皮亚杰用于描述儿童6、7

第二篇章 如何爱自己：让孩子建构与自我的积极关系

岁以前心理特点的一个概念：只能根据自己的需要和感情去判断和理解事物、情境、人的关系，而完全不能采取别人的观点，不会去注意别人的意图，不会从别人的角度去看问题，不能按事物本身的规律和特点去看问题。皮亚杰认为儿童大约在出生之后18个月的时候，会发生一场"哥白尼式"的革命，即一种"去自我中心"的过程，这个去自我中心的过程一直要到学龄期开始才逐渐完成。若是没有完成这一个过程，会影响到个性的形成以及社会化品质。

【支招】

> **结交朋友换位思考**：要让孩子早点结交朋友，孩子从5岁开始的时候，就需要有伙伴伴随着自己，如果是独生子女，与邻里的交往不可少，许多孩子就是因为总是一个人玩耍，在孤独的环境中缺失体会他人感受的能力。因此，要鼓励孩子与同学、邻里建立友谊，可以带朋友和同学到自己家中来，父母带孩子出去游玩时，也可以带上孩子的同学和朋友。在与同伴相处时，要教孩子学会换位思考，能替他人着想，还要学会尊重和关心。
>
> **集体活动规则意识**：鼓励孩子多参加一些集体活动，孩子在集体生活中学习，与其他同学团结互助，共同完成集体活动，从而养成集体意识。以自我为中心的孩子在集体活动中会表现得格格不入，做事情也斤斤计较，影响到与他人的合作。在集体中孩子才会感受到拥有规则意识才会受人欢迎。父母要耐心倾听孩子在集体活

动中的感受,及时引导。家长为孩子提供结交朋友和接触社会的机会,提高与外界交往的能力,也是避免和改变自我中心观念行之有效的办法。

35. 心思细腻的"敏感者"

【案例】

　　心理老师接到了一个母亲的电话咨询,这位母亲表示非常担心自己孩子的状况,觉得自己高三的女儿的心理出现了一些问题,人有一些恍惚,整个人有一些"飘",如果放着不管,发展下去孩子可能会出事,她想先替孩子咨询一下心理老师,希望老师能和孩子聊聊。当天晚上心理老师如约拨通了电话,出乎意料的是这位示范性高中实验班班长的纠结之处居然不是即将来临的高考,让她觉得身心俱疲的是人际困扰。她是这样叙述的:在担任班长期间,自己常常在内心不断地问自己,这样做同学们会怎样想?这样处理会不会给别人造成影响?在开展一个活动之后,她若是听到有同学说不公平、不公正这类的话,就会自责很久很久。同时,她觉得作为班长这三年来她为班级尽心尽力,可是为什么大家都不领情?为什么付出的辛劳没有人感受到?让她觉得最难受的是,课间或者出游大家总是能够三五一堆聊天,却从来不会带她,她觉得自己被孤立了,非常难受。有时候她也会主动介入,虽然表面上大家似乎是愿意接

第二篇章 如何爱自己：让孩子建构与自我的积极关系

受她的，但她仍然会觉得大家都不够真诚，大家都不喜欢她。渐渐地，她觉得自己这三年过得没有任何意义，她的努力有谁在意？有谁了解？她怎样做同学才会给她一个肯定，真正接纳她？在她看来，高中生活马上要结束，但是她却还没有很好地处理这些困扰，面对即将进行的毕业典礼，她简直要崩溃了，觉得明天是一个深渊，让她寸步难行。

【分析】

本案例中的主人恰恰与上一个案例中的小刚相反，她是一位"高度敏感"者，艾融（Elaine N. Aron）博士研究"高度敏感"的人，他对于高度敏感者是这样解释的：极其善于观察，高度的感情用事，为一些看似极其平常的事情备受折磨，过分在意别人的看法，无论什么事情都做到最好，并且做事情的时候的出发点是能够获得别人的欣赏与肯定，对他人的议论和说法反应过度，无论是批评还是表扬，都觉得与自己超级相关。

【支招】

> **寻找倾诉对象：** "高度敏感"者要主动寻求帮助，通常从自己认为的比较安全的或者专业人士开始。高度敏感的人心思细腻，只要适当点拨，就能让他们意识到那些负面的认知与情绪的影响，从而作出积极调整。家长需要给予对方支持，在其表达过程为他厘清。
>
> **凡事把握有度：** 凡事要有界限才好，心思细腻的人，往往具

懂得自有力量

> 有高度觉察力，可以重复对自己说一些积极的话语："我用心处理就可以了！""慢慢来，大家会理解！""我没有问清楚，是不了解别人的真实想法，不要臆测！"要避免一些消极想法，比如"我不被别人看好！我注定是失败的！"消极的想法会无形中影响人们的心灵，使得人们看待这世界的任何一个角落时都戴着一副悲观主义的眼镜，结果就是让自己产生挫败感，增加自己的焦虑。

36. 善于思索的"人生拷问者"

【案例】

一位高中的男生跑到学校的心理老师那里，告诉心理老师，他需要心灵上对等的倾听者。他表示：孤独感是他生活中最固执、最持久的一部分，因为大家都似乎觉得他是一个怪人，没有人能够理解他。当心理老师与其进一步沟通之后，他说这一段时间来，他的脑海里一直冒出这样的问题："我是谁？""我人生的意义是什么？""我活着的意义呢？"可是大家都觉得他很可笑。他认为自己的内心充满了困惑与彷徨，对峙与战斗，面对这样的周而复始的彷徨与对峙，他觉得疲惫不堪，又无法自拔。

【分析】

提出人格社会心理发展理论的埃里克森认为，青春期这一阶段

第二篇章　如何爱自己：让孩子建构与自我的积极关系

主要面对的成长问题是自我同一性和角色混乱的冲突。青春期是童年期向青年期发展中的过渡阶段。在儿童懂得了他是谁，能干什么之后，也就是说，在他懂得了所能担任的各种角色之后，他就会开始仔细思考全部积累起来的有关自己及社会的知识，最后致力于某一生活策略。一旦他们这样做，他们就获得了一种同一性，长大成人了。获得个人的同一性就标志着这个发展阶段取得了满意的结局。角色混乱是无法正确认识自己、不知道自己的职责、不明白自己承担的角色，主要表现为不能选择生活角色。只有在不断地自我探索与思考之后，明确个人的价值观、目标、发展方向和生活的意义，才可以获得内在的成长动力。

【支招】

> **基于信任深度探讨**：处于青春期的孩子总是试图将自己的多方面——智力、社会、性别、道德等整合起来，达到一个对自我的整体认识，即获得自我同一性。家长就应该满足他这一时期的心理需求，试着放下一些工作，抽时间与孩子好好讨论，让孩子能够明确自己做事的目的、对未来有预期、能有效地行动。
>
> **适当共鸣指导生涯**：通常思想成熟、喜欢思考的孩子，是具有较高自主和自尊水平，具有较强自我发展潜力的，家长要试着去理解孩子，并且与他分享成长的经验，和孩子一起对生活中的重要问题及人生发展的愿景进行探讨，通过对未来的探讨，看见当下的意义。

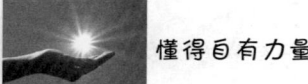

要让孩子练就有弹性的心态，合理运用辩证思维，积极面对人生，走出"非黑即白"的误区，防患于未然，走积极人生路，让生命之花永放光彩。

十三、考试协奏曲

往往在考试之后，会听到有同学这样说，说自己就是考运不佳，会做的没有考，考的全是没有复习到的。也会有家长说，自己的孩子平时蛮好的，就是有点"上场昏"，考试的时候常常没有发挥应有的水平。所以考试还真是一个学生综合素养的体现，不仅仅体现知识储备，同时也考察情绪态度、应变能力等其他诸多因素，就好比是一首协奏曲，既要演奏好，又要考虑到各种乐器之间的相互协调，还要把握好节奏。各方面均衡发展，才能奏出最美的考试协奏曲。

 ## 37. 睡眠不足

【案例】

说到考运不佳，嘉南认为自己一定要算一个，平时嘉南的答题能力在班里是属于名列前茅的，可是每次一到考试，他的优势却完全体现不出来，这不，这一次月考成绩出来，又不能体现他的应有

水平。这到底是怎么回事呢？班主任老师喊来嘉南和他的父母，决定一同来找找原因。

老师说：嘉南平时上课作业速度快，效率高，怎么每到考试就不能发挥好，成绩也常常不理想，究竟是什么原因？不够重视吗？这时候嘉南的妈妈说道："老师您不知道，他是太重视了！"老师追问："太重视了？怎么讲？"嘉南妈妈说："我的孩子太过重视考试，每次考试，总是提前两周就开始复习，把自己弄得筋疲力尽的，我们常常提醒他可以休息了，他也从来不听，他总是希望能通过考试来证明自己，结果他越是这样想越是心理负担重，晚上就睡不着，有时候考试前一天晚上他还会整宿失眠，哎呀！真是急死人！我怀疑他考试的时候根本就不在状态！"

【分析】

睡眠问题常常容易被我们所忽略，在传统观念中读书就该悬梁刺股，读书还要考虑什么睡眠问题？其实不然。睡眠对于正处在成长中的儿童和青少年来说是非常重要的，现代科学实验证明，如果个体得不到充分的睡眠，就可能出现注意力难以集中、记忆力减退、身体机能降低等状况。儿童青少年时期的深度睡眠能够释放成长激素，同时还会修复白天受损的细胞。上述案例中的嘉南，就是陷入了没有"优质睡眠"的陷阱，还形成了恶性循环。

第二篇章　如何爱自己：让孩子建构与自我的积极关系

【支招】

> **理性看待**：对于考试，家长应引导孩子用平常心去对待；家长也要与孩子一同了解睡眠的意义，进一步探讨睡眠与白天学习质量的关系，让孩子知道科学睡眠的意义，明白合理睡眠也是促进学习的一个重要因素。
>
> **养成习惯**：尽可能在平时养成良好的生活习惯，作息时间要有规律，并培养良好的时间管理能力。可以试着让孩子给自己制定一张全天候的作息时间表，学会调试好自己的生物钟，使睡眠、饮食、学习、休息、锻炼制度化。
>
> **适度放松**：知道要睡眠先休心的道理，睡觉前应适当放松，不再做高强度高难的课业，可以放几首舒缓的音乐、读一段轻松愉快的小说、凝神品味一幅画、闭上眼睛做一做深呼吸、像猫咪一样伸展四肢、洗个温水澡、换上舒适的衣服，这些都是行之有效的方法。

38. 方法不当

【案例】

　　欣宜是一个文文静静的女生，平时学习很努力，但是考试成绩却总是不如人意。这一天欣宜的家长找到学校老师询问原因，他们认为欣宜不应该有这样的成绩，老师也表示，按照平时表现来看，

懂得自有力量

欣宜的听课质量、作业质量都是可以的，考试成绩确实没有体现她的真实水平，而且翻看她的试卷还会发现上面常常有很多题空着没有做。于是老师喊来欣宜进一步了解，欣宜怯生生站在那里，像是犯了错一般，老师让她放松一点，大家一起来寻找问题的原因。在老师家长进一步询问下，欣宜表示不知道为什么考试前她总是会特别紧张，甚至觉得自己的身体在发抖，考试的过程中更是只要看到难题就"晕"考，脑子里一片空白，完全不能集中注意力思考了。考试过后，同学们都喜欢拉着她对答案，这使她越发紧张、懊恼、沮丧，自然下一门考试也别谈了。

【分析】

有心理专家对于高考状元做了跟踪调查，发现在影响高考成绩20个因素里，学习基础位居第四，学习方法位居第三，而考前心态位居第二，考场心态雄踞首位，可见对于考试来说方法和心态是十分重要的。当然，焦虑对于人类是具有重要意义的，它发出信号提示我们需要对环境进行一些调整，考前适度的紧张可以促使个体处于一种适度兴奋状态，这样一种状态是有利于考试的，但若是过度焦虑，则会导致心跳加速，出现心慌意乱、喉咙发紧等症状，往往会导致发挥失常。于是乎，问题出现了，该如何把握好这个"度"呢？

第二篇章　如何爱自己：让孩子建构与自我的积极关系

【支招】

> **考前的放松**：考试前需要适度的紧张，并且匹配积极的情绪和行为，意识到考试来临，振作精神积极复习，但不可紧张过度。可以提前制订考前复习计划，让自己心里有底。考试当天要尽早做好准备，早点到达考场留一点时间余量熟悉环境。如果意识到自己开始心跳加速，可以适当调节呼吸，深深吸一口气，再分两口慢慢呼出，呼吸时要注意尽可能慢而平缓，同时可以凝视某一点或某一个画面，排除杂念，集中注意力。
>
> **考中的技巧**：答题技巧其实是因人而异的，可以从过去的考试经验中总结大致的答题风格，有的同学喜欢先易后难，有的同学喜欢先难后易；有的喜欢从客观题入手，有的喜欢从主观题入手。无论采用哪一种方法，在开始答题之前最好简单浏览一遍整张试卷，对全部试题有一个大致了解，做到心中有数。记住一个原则就是"抓牢基础题不失分，挑战难解题得一分是一分"。
>
> **考后的洒脱**：曾经有一句话是这样说的："不要为打碎的油瓶操心！"也就是说，不要为不可挽回的结果去叹气去懊恼。考试结束之后孩子们往往喜欢三五成群地对答案，答对了自然开心，但若没有答对，岂不平添无限沮丧。这一份沮丧如果不处理好，还会影响下一门的考试，所以要开导孩子洒脱一点，卷子交上去就不要再想了，集中精力迎接下一门考试。

39. 情绪不佳

【案例】

梓涵平日里是一个比较和温和的孩子，可是一到考试阶段脾气就会不知不觉大了起来，嗓门也大了，动作幅度也大了，常常把门关的砰砰响。有时候父母会提醒他，不提醒则罢，一提醒梓涵更加来劲了，非要较个真，与父母辩驳一番，一定要分出一个是非对错来，似乎忘记了迫在眉睫的考试，全身心要与父母探讨谁错在先。父母常常被他的这种行为表现闹蒙了，这是唱的哪一出呀？于是父母决定要和他进一步"探讨"，诸如："你这孩子这都什么时候了还有空发脾气？""你现在的目标就是考出一个好成绩，没有功夫耍小性子！"

【分析】

人的情绪、认知、行动三者之间是相互影响的，当孩子有这样或者那样的情绪，一定是有原因的，那就是他的想法！父母要试着去找到他们情绪背后的原因，找到情绪背后的想法。上述案例中梓涵的情绪波动出现在考试阶段，不难发现这是由于考试引起的，也就是说，他的反常行为和负面情绪反应着他内心隐藏的想法，可能是他对于这一次考试的担忧，或是焦虑。很有可能这一份担忧是不切实际的，梓涵预感到的是考试的最糟糕情况，但这种预感可能毫无根据。不管怎样，负面情绪已经产生了，如果得不到好好宣泄，那么孩子只会深陷在自己的负面情绪中不能自拔。

【支招】

引导宣泄合理评估：孩子对考试焦虑时，是不适合和孩子较真的，家长应该和孩子面对面坐下来，问问孩子到底在想什么，担心什么，引导孩子把内心的真实想法说出来，和孩子一起给这些想法打分，判断评估这些想法的真实性和合理性。如果孩子的担心确有合理性，帮着找找对策；如果孩子的担心不切实际甚至毫无根据，要帮助孩子梳理掉不合理的想法，积极迎接挑战。

掌握方法处理情绪：要多和孩子聊聊，对于情绪有一个初步的认识，能够辨识什么是紧张、懊恼、失望等。和孩子一起探讨好的处理情绪的方法，说说当负面情绪来临时，该如何因人而异地采取不同的处理情绪方法，如正确表达情绪、自我调控情绪、寻找对象宣泄情绪等。

适度期待真诚接纳：每一个孩子的内心都渴望得到自己父母的肯定，家长要了解自己孩子的学业水平状态，做出适度期待，可以稍有提高，最好的节奏是小步提高不停步。家长要认识到个体存在差异，若自己的孩子真的存在不足，更要用真诚的眼神和行动告诉孩子自己依旧爱他，并且愿意陪他一同面对与改善。

弹好考试协奏曲，要有谱，要多方协作，要让孩子成为指挥。

十四、勿做手机控

信息时代，生活节奏加快，人们的活动区域也不断扩大，于是手机成了我们彼此联系和联络感情很好的工具。随着手机功能不断提升，我们可以用手机拍照、拍视频、收发邮件、查看网页、刷微信，只要打开手机，一个精彩纷呈，浩瀚无边的世界就出现在我们面前。同时这也是一把双刃剑，特别是对于中小学生来说，用手机一定要把握一个"度"。现在中小学生使用手机的情景随处可见，据调查，学生的手机用于紧急联系仅占5%，其余都是聊天、玩游戏、上网等。过分沉溺于手机，对于成长中的青少年有着负面的影响，在这里从心理角度来剖析行为背后的原因，以便做出更好的引导。

40. 大家都这样啊！

【案例】

王帅成绩总是不如人意，父母想也不能一味打压，想起孩子一直吵着要一部手机，那就鼓励他，给他买了他梦寐以求某品牌的智能手机。可是令家长失望的是,从这一学期的几次考试成绩来看,王帅的成绩反而出现了下滑。父母在他写作业的时候查了几次"岗",发现无论何时,王帅总是捧着个手机,问他为何捧着手机写作业,王帅理直气壮地说自己在和同学交流学习内容。尽管如此,他的父母仍然认为手机是他成绩下滑的重要原因,因为自从有了手机,王帅吃饭时玩手机,等车时看手机,上车了还要看手机……总之,每时每刻手里都攥着手机。父母也认真和王帅沟通过,问问他天天"机不离手"到底有何收获,王帅说就是随便看看而已,也说不出个所以然。当父母说他因为玩手机而成绩下降,他却不以为然,他认为这几次月考的成绩下降是有其他原因,因为班级同学都这样玩呀,然后让父母不要瞎操心,他会努力的。但是没有手机绝对不行,不看手机他在班级里没有话语权,会被边缘化,他会在班里"待不下去"的。

【分析】

案例中王帅整天玩手机的这种行为是受到所处班级其他成员影响而产生的。这一种个人受到外界人群行为的影响,而在自己的知觉、判断、认识上表现出符合于公众舆论或多数人的行为方式,被称为从众。通俗地说就是"随大流"。通常情况下,多数人的意见往往是对的。从众服从多数,一般也是不错的。但如果是缺乏分析,不经过独立思考,不顾是非曲直的一概服从多数,随大流走,则是不可取的,是消极的盲目从众。案例中的王帅玩手机就是一种典型

懂得自有力量

的盲目从众行为，盲目从众背后往往是自身没有优势，没有自己独立的立场、观点的体现。

【支招】

> **营造正能量的环境**：人们从众，是因为外界团体的压力，还有就是受到群体中权威人士的影响。从众既有积极意义，也有消极意义。故此对于容易盲目从众的个体，营造具有正能量的大环境是非常重要的。改善个体行为从源头活水开始，从改善个体所在的班级和家庭入手，营造良好的班级氛围和家庭氛围，对于改善个体的盲目从众行为是一个较好的途径。
>
> **积极关注个体成长**：一般来说，具有从众心理的个体往往是能力不足、自信心缺乏、性格软弱的。对于盲目从众的个体来说，发展个体能力是具有积极意义的，当个体能力得到发展，他们就会发现可以通过自己的努力在团队拥有一定的位置，并且这是一件幸福的事情，远比依附于他人、人云亦云来得更美好。
>
> **培养独立思考能力**：爱因斯坦说过："学会独立思考和独立判断比获得知识更重要。不下决心培养思考习惯的人，将失去生活的最大乐趣。"拥有独立思考力对于一个人的成长，甚至对其生命质量都会产生影响。建议在家庭中营造思考的氛围，使家庭成员都有一种探索、探究的意识。家庭成员之间的交流要多用商讨、探讨的交流方式，要给孩子留有思考余地，可以适时地提供一些

第二篇章　如何爱自己：让孩子建构与自我的积极关系

> 探索答案的途径与方式给孩子，但不可事事越俎代庖。家长要抓住生活的信息与事件作为成长机会，激发孩子的好奇心，和孩子一同探索，在探索的过程中，家长也要修得一颗平常心，不要怕失败，在失败后能够适当点评加以引导，继续鼓励孩子去独立思考、辨析、选择，久而久之就能养成习惯、形成能力。

41. 没有手机我寸步难行

【案例】

又是一次月考，在大家奋笔疾书时，已经读九年级的小月却说："老师！我要上厕所！"同学和老师都已经习惯了，小月只要一考试就会想上厕所，大家一直认为小月每逢考试必上厕所是因为焦虑而引起的，所以对于她考试期间要上厕所的要求，老师基本上是默许的。这一次小月上厕所的时间比往常长了一些，监考的李老师不由得有点担心，她走到走廊张望，只见王老师与小月一同走了过来，小月的神色有点不对，只听得王老师说："李老师，你猜猜小月在做什么？"李老师一脸茫然，王老师说："小月把题目抄在掌心上，然后在厕所里，用手机在搜答案呢！我刚才问她了，这已经不止一次了。"李老师万万没有想到这才是小月上厕所的真正原因。后来经过询问，原来小月的学习根本离不开手机，所有的作业的答案都是她上网搜来的，她每天花的最多的时间就是用手机在网上检索答案！

懂得自有力量

小月说:"老师,我现在没有手机真的寸步难行!我觉得我已经丧失了做题的能力,我也很害怕呀!"

【分析】

依赖是依靠别人或事物而不能自立或自给,俗称成瘾。长期的依赖使得个体丧失了努力的能力,没有任何成长力,不仅会使人丧失独立生活的能力,还会使人缺乏生活的责任感,造成人格上的缺陷,不能适应社会生活,缺乏耐挫力。案例中的小月对于手机在学习上已经完全处于依赖状态,离不开手机,一旦离开手机就可能变得脆弱无助、不安痛苦,若不及时矫正,长此以往,就很有可能会崩溃。

【支招】

梳理成功的科学路径:对于小月这样的孩子来说,她对于手机的依赖其实是一种渴望成功的心理,无奈自己能力不足,只能依靠手机来饮鸩止渴,用错误的办法来解决眼前的困难,不顾更严重的后果。要改善这种状况,应该从改变认知入手,先要和她一起梳理清楚获得成功的真正路径,要通过自身的努力去获得成功,哪怕这一种寻求成功的方法需要一个过程,不是立竿见影的,但只有这样才是稳固的,是令人踏实的。

逐级摆脱依赖的策略:通过自己努力去获得成功不能一蹴而

就，摆脱依赖同样也不是那么容易的，需要一个过程，老师家长应该与孩子一同制定一个个小目标，分解在具体每一天里，在完成前一目标，有了成功体验之后，再去逐级提高要求。过程中可以给自己制定一张目标达成表，横轴为时间，以一天为单位，纵轴为目标，做到"√"，这样直观的评估对于积极行为的形成富有意义。

42. 我满脑子都是游戏！

【案例】

刚刚上一年级的贝贝只要双手空下来，就伸手问父母要手机，如果父母不答应，他就开始哭闹，拿到手机他就像打了兴奋剂，双手不停地划呀，摁呀，有时候身子还要不受控制地扭动。这时候，他的世界里只有手机了，他屏蔽其他所有的信息。"贝贝吃饭了！""贝贝写作业了！""贝贝我们出去散散步吧！"……无论父母说什么他都不予理睬。贝贝的父母反映贝贝对手机根本没有任何抵抗力。上学之后，贝贝的父母还发现更加糟糕的事情，因为被那些有声有色的手机游戏迷住了，贝贝觉得上课也好作业也好，都是极其无聊的事情，没有办法静下心来，上课、作业质量极差。老师和父母都忧心忡忡，觉得贝贝在学习上有大问题。再来看看贝贝本人，一个看上去很机灵的孩子，说起手机里的游戏他说得头头是

懂得自有力量

道，当问他能不能把心思放在学习上，他说："我从幼儿园就开始玩游戏，我现在满脑子就是游戏，装不下别的了，而且读书（学习）老没劲的呀！就说说说，写写写！"周遭的老师和家长一个个面面相觑。

【分析】

有没有自控力直接关系到人生的成败。人类在自我发展中形成了一种自我约束和自我控制的能力，称为自制力或者自控力。这是一种自我管理的能力，就是指个体对自己本身，对自己的目标、思想、心理和行为等表现进行有效管理，自己把自己组织起来，自己管理自己，自己约束自己，自己激励自己，最终实现自我奋斗目标的能力。案例中的贝贝就是因为玩手机游戏，无法控制自己，一味地沉溺其间无法自拔，导致能力得不到培养，个体得不到全面的发展，特别是贝贝处于在学龄初期，此时培养自控力是极其重要的，甚至会影响到整个学习生涯的质量。

【支招】

> **远离消极的人和事**：培养自控力首先要远离那些具有负能量的人和事，试想周遭有人三分钟热情，一件事做不到几天就放弃，对于个体自控力的形成会产生负面影响。孩子年龄越小就越要关注家长与家庭氛围，如果家长也是一个"手机控"，那么要想让孩

子改变恐怕是纸上谈兵；其次要和具有正能量的人在一起，进行公开承诺，也就是作出承诺，并且让身边信赖的伙伴与师长进行监督。还有就是在个体所处的团体中架构一个支持系统，对于行为的改善予以肯定，调查结果表明，家人及朋友的关爱越多，个体改善行为的效果越好。

循序渐进培养自制力：首先要制订改善计划，从小目标开始，如：认真写作业的时间从只能坚持5分钟到可以坚持10分钟，这便是进步，值得肯定。其次是转移注意力，进行有针对性的训练，比如说对于低年级的孩子来说有趣的游戏是不错的选择，对于高年级的孩子来说相对高能量的运动也是一种转移注意力的方式，如跑步打球等，这些都是培养自制力的很好途径。

新事物在不断地产生，我们要去接纳它，使用它，管理它，要"为我所用"，而不是"被物所控"。若真是成"瘾"，务必求助于专业机构，及时干预治疗。

十五、心情小感冒

作为家长是否有时会发现孩子心情上的"小感冒",就是突然的有那么几天,孩子突然变得脾气很糟糕,为一些不应该生气的事情生气,或者有那么几天,原本比较开朗的孩子,变得懒散沉默,哪怕父母喊他去做他之前最喜欢的事情,他也提不起精神来了。这样一种消极的状态称之为内动力偏低,这样的消极思维或者行动不及时干预,可能持续和泛化。积极心理学之父塞利格曼认为,乐观是可以习得的,他认为人在孩童时代就应该学会一些拥有积极情绪的方法与策略。作为家长应该试着协助孩子去寻找内动力偏低的原因,进而让孩子拥有改善消极情绪和行为的方法和策略。

 **43. 得不到的肯定**

【案例】

五年级的心宇是一个漂亮的小女生,成绩优异,还弹得一手好钢琴,妈妈每天把她打扮得像公主一样,应该说心宇是一个人见人爱的

| 第二篇章　如何爱自己：让孩子建构与自我的积极关系

女生。可是心宇妈妈最近发现女儿不太对劲儿，练琴无精打采，对什么事情都提不起精神，房间也懒得整理，心宇平时最喜欢让妈妈给她梳各式各样的发型，而现在却没有兴趣了，甚至头发都懒得梳理。这样持续了一个星期，妈妈就开始询问心宇了，起初心宇表示没有什么事情，说着说着眼泪下来了，因为她认为班里的女生没有一个喜欢她的，大家都不愿意和她说话，她很孤单，女生们会背着她传小纸条，肯定是说她的坏话。看着抽抽噎噎的孩子，妈妈想寻求对策……

【分析】

拥有健康的快乐的社交生活是孩子在社会化过程中的一件极其重要的事件，小学五年级，处于青春期前期，他们将进入自我意识发展的第二个飞跃期，此时的孩子们非常看重自己的社交生活，一旦在社交生活中遭受失败或者挫折，他们便会变得失望、难过甚至无助。当一个孩子拥有良好的社交生活，他们就会变得积极、开朗、合作，因为他们在交往中拥有了更多伙伴和朋友，这些交往的对象也能让孩子觉得有存在感和价值感，让他们变得更加包容，愿意妥协。上述案例中的心宇就是因为社交生活受挫，导致情绪低落，没有精神，没有愉悦感，孩子出现这种情况的时候往往不会去寻找改善的方法，因此父母与教师要及时予以一定支持，让他们走出心情迷雾。

懂得自有力量

【支招】

> **有效质疑**：社会交往对于孩子的重要性不言而喻，那么当他们遇到交往受挫时，作为家长应该引导孩子进行积极解释，而解释的前提是质疑，质疑孩子心中固定下来的"肯定是""必定是"，就上述案例为例，家长可以引导心语质疑："你怎么知道女生传小纸条一定是在说你的坏话，你看见了吗？""大家真的不愿理你吗？当有人和你说话时你的表现如何？"质疑的过程也是梳理的过程，慢慢地孩子会发现自己的解释误区，原来的绝对判断也会变得理性与客观。
>
> **适度调整**：先让评判与认识变得理性，再引导孩子反观自我，当意识到自己的想法存在一些不合理之后，自然而然在行为中也会有所改变。家长不妨与孩子在家里来一个情景再现，重现孩子的交往场景，让孩子发现自己在交往中的不合理表现，从而适度调整自己的言行。

44. 失败的反复来临

【案例】

期中考试之后嘉伟变得更加让人"生厌"了，每天什么也不做，就坐着天天抱着个水瓶没完没了地喝水。除了喝水真的什么都不做，最令人头疼的是不写作业，老师见嘉伟的作业本一片空白，就喊他过去，苦口婆心地劝说教育，又和蔼地告诉他："嘉伟同学有问题告

第二篇章　如何爱自己：让孩子建构与自我的积极关系

诉老师，不懂的地方问老师，可不能不写作业噢！"嘉伟拿着本子回到座位上，依旧喝水。作业堆成小山也不管。这样有了几天的时间，老师们都开始议论起来："这嘉伟怎么啦，是不是家里遇到什么事情？""以前他拖拉作业，老师催一催他好歹还动一动，补一些。自从这一次期中考试之后他似乎彻底放弃了。"

班主任老师找嘉伟聊聊，问问他最近是否家里有什么事情，嘉伟说家里没有什么事情，最大的事情就是自己的学习。老师跟进说："那么你就好好学习呀！不要让爸爸妈操心呀！"嘉伟无比难过地说："老师，我觉得自己不是读书的料，我对自己彻底失望了，学习上我彻底没救了。"老师也很是感慨，嘉伟区区预备年级的年龄，居然说出如此悲观的话语。老师再问："是什么让你这样想？"嘉伟说："我也努力过了，为什么每次考试都是这样！"老师意识到，嘉伟这一句话的背后，还是有很多潜台词："我就是最笨的那一个！""我是学不好的！""我没有希望！"……

【分析】

对于任何一个个体来说，无论失败的大小都会造成心情抑郁，夹杂着一些难过、忧虑、失望。当孩子面临失败时，他们可能会有两种应对方式，一种是他们面对境遇，会采取一些行动来改变状态；还有一种是待在那个环境里，自怨自艾。如果一个孩子常常遭受失败，他可能就会倾向于选择后一种应对方式，因为多次的失败之后，他就会质疑自己的能力，慢慢地，这样一种质疑在他的心中扎根下来形成

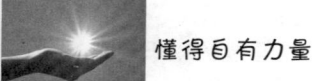

懂得自有力量

一种观点，就成了"我即使再努力也没有用了""我没有能力掌控我的境况"的想法。于是，他们心里渐渐会出来一种声音："我现在对任何事情都不在乎了，我也没有喜欢的事情，一切都随它去吧"。孩子的悲观并非与生俱来，很多的观念都是从他们的生活经历中习得而来，那么既然可以习得悲观，孩子也可以习得乐观，只是他们需要一些协助，特别是一些能力相对弱一些孩子更需要成年人的协助。

【支招】

> **多元归因**：消极的孩子往往会一叶障目，遇到挫折就会对自己"一网打尽"，"我不行""我没有希望"之类的信念盘踞心中。此时的他需要积极归因，当出现问题的时候，可以陪孩子一起寻找原因，如上述案例中，嘉伟学业不佳的问题，可以引导他从多个途径找原因，是时间管理出现问题，还是复习预习做得不够好，或者是上课听课质量不够高，等等。然后再让孩子给各个原因打分，看看哪一个是主要原因，针对不同原因寻找对策。
>
> **制造成功**：成功的体验对于个体来说极富有积极意义，一些消极悲观的孩子，往往是因为遭遇了太多次失败，此时作为家长，可以帮孩子适当调整目标，让孩子拥有成功的体验，哪怕是一个小小的成功，也要及时肯定强化。这一种成功的体验可以从外围入手，比如先从孩子的优势入手，让他拥有成功的体验，发现自身能力，慢慢地再迁移到"中心事件"上来。

第二篇章 如何爱自己：让孩子建构与自我的积极关系

 **45. 特殊的生活事件**

【案例】

　　一直温和安静的海洋最近的心情极其糟糕，心里头总觉得压着一股气，让他无法呼吸，他变得沉默不语，也不愿意与其他同学交流。当然，近期似乎其他同学也对他敬而远之。原来那一天上体育课，海洋因为身体不适向老师请假在教室里休息，老师也准假了，可是当体育课结束，同学们回到教室，很多同学发现自己少了文具，如笔袋、钢笔等，甚至还有少了零花钱的，大家自然而然想到了海洋，因为只有他没有去上体育课。海洋表示上半节课他确实是在教室里，但后来看到阳光很好，于是他就下楼，在操场边上看大家上体育课，这大家也看到的。可是同学们却不以为然，海洋从大家的眼神中依旧可以看到大家对他的质疑和鄙夷。更加让他难过的是在班会课上，班主任老师都含沙射影地表示，希望他能够改过，将拿的东西还给大家，以弥补过失。海洋十分难过，因为这件事真的不是他做的，但是大家连解释的机会都不给他，这件事情过后海洋在学校里渐渐成了一个独行者，成绩也每况愈下，后来也有同学和他交流搭讪，可是海洋已不再是原来的海洋，他变得不再主动，神情漠然；与此同时，海洋在家里却变得很暴躁，动不动就发火，发火之后又无限地难过自责。

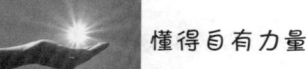 懂得自有力量

【分析】

很多时候消极的情绪来自自身，取决于个体对外在事件的解释和观点。但是，我们生活在社会中，难免还会遇到外在的因素，导致我们的消极情绪和行为，上述案例中的海洋就遇到了这样的问题，如果他不能很好地及时处理此次事件，会导致消极的自我归因，而这一种消极解释甚至会影响他积极健康人格的形成。

【支招】

> **寻找支持**：当家长发现孩子出现情绪和行为问题的时候，一定要先管理好自身情绪，然后真诚地对孩子说："是不是遇到事情了？如果可能爸爸（妈妈）愿意听听你的心事，也许我们可以共同面对。"并且要告诉孩子，遇到问题时要懂得寻找支持，你不说别人有时候确实不知道，寻找支持可以先找自己比较信任和亲近的人开始，千万不要将问题积压在心中，发酵成"灾"。
>
> **有效反驳**：这里的反驳并不是言语上的对峙，而是要引导孩子试着用行动去寻找一些事件过程的证明，寻找的过程本身就是一种反驳，如果自己确实是无辜的，总有蛛丝马迹可以证明自己，此时积极的行动要好过消极坐等。

当孩子心情出现"感冒"，家长要积极关注与行动，这一种积极表现会让孩子感觉到自己在父母心中的价值。不过，家长是不能替

代孩子的成长的,在孩子们遭遇困扰时,作为父母的应该予以指导而不是直接提供答案。若是"感冒"愈发严重,可以转介至专业医疗机构进行科学评估,以便及时干预及治疗。

十六、中等生不隐形

很多家长往往有这样的遭遇,家长会上,老师会在全体家长面前表扬或者肯定一部分优秀的进步的学生,然后点名留下少部分需要特别沟通的家长。大多数中间部分孩子的家长既没有表扬,也没有批评。一些家长在家长会结束之后找老师,想具体问问自己孩子在校表现,然而得到的回答却往往是:"你们家的孩子挺好的!""你们家孩子不让老师操心的!""你们家孩子成绩比较稳定的,要有所突破呀!"接着老师们就又忙着去寻找特别需要沟通的家长去了。这样一些并不抢眼、不惹事、不让人操心、成绩中等,表现一般的学生,被称为"中等生",难道他中间一定是没有故事吗?不!他们的故事也精彩纷呈,尽管呈现形式不同,请相信中等生不隐形。

46. 潜伏着的"才子"

【案例】

子皓是一个比较内向的男孩,在班里并不起眼,成绩常常维持在十几名，在班里属于不麻烦、不添乱、不吵闹的一类。这一次班主任下定决心要换一个宣传委员，因为他们班每月一次的黑板报的分数总是年级组，甚至学校垫底。但又一时找不到人选，于是他让同学推荐，同学们一开始也都没有人选，后来还是原来那个宣传委员推荐了他的同桌子皓，因为他觉得子皓平时在草稿本随便涂鸦的东西都蛮不错的。班主任对于子皓并没有什么特别的印象，既然实在没有人，就让子皓先试试看。没有想到结果让大家大吃一惊，他们班黑板报的校级名次一下子往前提了 20 名，子皓编辑有创新、绘画能力强，还别出心裁用了隶书点缀其间，给人眼前一亮的感觉。大家都觉得子皓潜伏得好深，怎么一直没有发现子皓的才能，子皓笑笑说："我不是学霸，不要参加那么多补习班；也不是学渣，天天被家长老师追着跑，我的学习会更加悠闲一些。自由度让我拥有更多阅读时间和自我拓展时间，可以去学习自己喜欢的东西，书法、画画、篆刻。我可是一直在准备，相信总有一天大家会看到我，是金子总会发光的。"

【分析】

也许子皓是"'第十名'效应"最好的体现，现实生活中像子皓这样的中等生有很多，但是像子皓这样想、这样做的却很少，子皓能够理性面对自己的现状，并且合理利用好自身所处的优势，来发展兴趣，把握适当的机会展示，是所谓的"逆袭"成功的代表人物。当然，也不是谁都能随随便便成为"黑马"的。

懂得自有力量

【支招】

> **多元发展适时突破：** 心理学家霍华德·加德纳提出的多元智能理论，被广泛运用于欧美与亚洲许多国家的教育中，加德纳提出9种多元智能，分别为：语言智能、数理逻辑智能、音乐智能、空间智能、身体运动智能、人际关系智能、自我认识智能、自然观察智能和存在智能。他认为每一个个体都拥有不同智能，而且呈现形式不同。在学生时代积极利用好各种资源，包括时间资源积极培养自己的各种潜能，在适当的时候积极展现，突破自我。
>
> **平和心态蓄能前行：** 很多时候我们都有这样的心理，这山望着那山高，看着班里的成绩好的同学，心理便不平衡，要么羡慕、嫉妒、恨，要么自暴自弃，却忽略了关注留意自己脚下的每一步。作为中等生，可以以班级中较为优秀的同学为前进的目标，但是重要的是在前进的过程中更应关注自我，关注当下，一定要心态平和，不急不躁积蓄能量前行。

47. 有节奏的助跑为了惊人的一跳

【案例】

小非比班里的一般的男生都努力，他常常在别的同学嬉笑玩乐的时候静静地完成作业，梳理整理笔记，可是他的成绩却只维持在中等偏上一点点，一直没有突破，有时候他自己都觉得很懊恼，甚至都有些怀疑自己了，为何自己这样努力都一直没有成效。沮丧的他抱着试试看的心情询问了学校的心理老师，当听完小非的陈述与困扰，学校的心理老师与小非进行了一次有趣的谈话。

老师："小非，当一个人吃5个馒头才会饱，他吃到第3个时觉得没有感觉，就放弃了，你如何评价？"

小非："那他自然不会吃饱。"

老师："一个人吃了5个馒头才吃饱了，于是他就认为前面吃的4个馒头都是没有意义的，早知道直接吃那第5个不就行了嘛？你又怎么评价？"

小非："老师，您是说过程中的每一个馒头都是有意义的。"

老师："你现在经历的是第几个馒头？"

小非："嗯，老师我懂了，现在放弃真的会前功尽弃，我就努力着吃到那第5个馒头。"

老师："当然，你也要有合理的规划，回去要重新审视与评估自己的规划与目标定位，如果都没有问题那么就好好努力，好好积累吧。保持自己的节奏，记住，有节奏的助跑是为了惊人一跳。"

小非："谢谢老师，我明白了！"

【分析】

好成绩，一定是一个学生综合能力的体现，除了智力因素还有非智力因素，还包括目标规划、时间管理、心理状态等，很多中间部分的学生，在前行的过程中，可能就是因为一个心理状态不佳，

 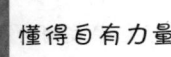

而功亏一篑，案例中的小非还好能够及时发现自己的问题，及时厘清了自己的问题，调整好步伐继续上路。

【支招】

> **不停脚步，量质转变：** 古语云：学习乃逆水行舟，不进则退。而当今学业竞争越发激烈，可能进步小一点都会被视为一种退步。所以，对于很多中间部分的同学来说，更需要学会"小步快走"，梳理好自己的优势与不足，控制好自己的节奏，不停脚步前行，相信，不懈的努力到一定时候会显山露水，从量变到质变的。
>
> **合理规划越挫越勇：** 不停脚步质变的基础就是自己的合理规划在前，对自己有理性的权衡，有正确合理的目标定位，这样即使在前行的过程中有一些小挫折，也不会因为过分担心而乱了方寸。学习的道路从来不是一帆风顺的，有了理性的规划，方能越挫越勇。

48. 没有麦克风的演讲比赛

【案例】

这一次校园艺术节大家都忙疯了，高二年级作为主力军，参与策划了多项活动，班级的班干部基本上都排得满满的，可是还有一项演讲比赛没有人员参加，往年的参赛选手因为都在忙其他事

第二篇章　如何爱自己：让孩子建构与自我的积极关系

务,无暇参与,正在大家盘点人员的时候,旁边的心怡怯生生地表示,她想尝试一下,班委们真还没有注意到班级里还有心怡这一类同学,她们静静地来,静静地离开,平时上课不吵不闹,也不爱表达,他们确实存在于班级,但是很多时候他们似乎有些隐形了。既然心怡自己提出来,班委们尽管有一些质疑,还是让她代表班级参加比赛。

比赛那一天,报告厅里坐满了老师、同学、家长,黑压压一大片,本身不被看好的心怡,终究没有成为黑马,整个演讲她的声音都很轻,好像麦克风都没有打开一样,讲到一半,下面就开始议论声一片,到最后心怡几乎是落荒而逃地下了场,好几周都没有调整过来。她的好朋友表示,心怡非常难过,从小她就是一个成绩不好不坏,表现不出挑的乖巧女生,她不是老师喜爱或者头疼的学生,有时候她甚至觉得老师和同学都不知道她的名字。这一次心怡本想借着这个难得的机会挑战一下自己,但是因为之前从来没有当众演讲过,几乎是零经验,结果自然是以败北而告终。

【分析】

上述案例的 3 个主人公均属于"中等生"的范畴,只是本案例中的心怡,可能更具代表性,大部分中等生往往会"奋力一搏",却依旧不能"逆袭"成功,因此带来更多的挫败感,让这一些平时在班里默默无闻的同学,倍受打击。如果对于这样的中等生都不管不问的话,他们也许真是会出现一些问题的。

懂得自有力量

【支招】

> **发现优势肯定自我**：任何一个人都有他的优势所在，即使心怡这样的学生，一样拥有优势，只是需要她能够静下心来，一点一点地梳理。可以引导她给自己制定一张优势表格，表格数多多益善，在上面罗列自己的优势，越细致越好，后面有 0～10 分，是对于这个优势的评价。优势表的绘制也可以邀请家长、好朋友一同参与评价。制定优势表的过程，便是让这一部分学生发现自己的优势，积极自我肯定的过程。
>
> **多维支持树立自信**：每一个人在团队中都需要存在感与价值感，对于"中等生"来说，一些客观忽视会造成失落感，这一种失落感旁人是难以感同身受的，因此在这里也积极呼吁，老师不要光顾着"提优补差"，也要多多关注班级里中间部分的学生，不要让他们有被冷落被忽视之感，他们一样需要老师的肯定与叮嘱。作为家长，不要时时拿孩子与其他孩子比较，要看到自己家孩子的点滴进步，让他们树立信心，拥有成长的内心力量。

让每一朵花儿都感受阳光，让每一个学生都感受关注的目光，从而拥有心的力量，做更好的自己。

十七、摊开掌心培育女孩

很多女性都有这样的经验：小时候不喜欢娃娃、喜欢汽车会被说不像是女孩子；想学物理数学，会被说女孩子学不好这个；想读博读研，会被说女孩子学那么多干嘛反正是要嫁人的；性格强势，会被说不够温柔不像女生……其实男孩和女孩之间所谓天赋上的差异，并非全是先天差异，部分是后天养成，这一点往往取决于父母的教育观念和教育行为。

 **49. 不要抽象的性别平等**

【案例】

"男女都一样！"是凯力的妈妈一直挂在嘴边的一句话，可是凯力并不喜欢这样，她也不太喜欢妈妈给她取的这个名字，因为这个名字实在太男性化。凯力知道妈妈一直想生一个男孩子，自己的出生多多少少地带给了妈妈一些失望。也许在妈妈的内心深处，还是希望把自己培养成一个男孩子，所以她才常会说："现在男女都一样

懂得自有力量

的,女孩子也可以做男孩子做的事情。"妈妈也常常让凯力去做一些男孩子会做的事情,如攀岩、打球之类。然而随着年龄的增长,凯力内心越来越觉得并不太喜欢做这些事情,她觉得自己还更喜欢一个人静静地做自己的事情,画画、写作,或者和"小闺蜜"们聊聊自己的小心思。

【分析】

"男女都一样!"是抽象的性别平等,是否定差异性的一概而论。因为男女本来就不一样,从遗传学的角度来说,男性和女性就存在着不同,而且直接会影响到他们的身心发育。从社会文化的角度来说,男女的社会性别角色也存在着差异,男女两性之间的差别,即便是当今社会男女地位的改变的情况下,也不意味着消除两者的差别,看到差异是尊重差异的前提。

【支招】

看到差异尊重差异: 不得不承认,男孩女孩之间存在着差异,正是因为看到了差异,发现了不同,才能够在培育的过程中根据男孩女孩身心发展特点来提供有针对性的教育,性别教育不能混为一谈。

看到不同看到价值: 我们往往在培育女孩的过程中都忽略了一点,就是很少去尊重孩子内心真实的想法,很少去关注孩子内

第二篇章 如何爱自己：让孩子建构与自我的积极关系

> 心真实的需求，根据父母的期待，一味地要求女孩听话、文静，或是一味地将女孩当男孩养都是不正确的。重要的是要在孩子幼年时，在她们的内心建立一种自我的价值感和意义感。

 **50. 要关注的是优势差异**

【案例】

这周一的一早，东东跟家长说，他不想去上学了，原因是他的同桌妮妮太凶了，东东要抗议。家长看着人高马大的东东，也真是气得说不出话来，就问东东，妮妮是怎么欺负他的。这一下东东就开始了诉苦大会："我想帮班里做点事，报名每天把花盆搬出去晒晒太阳，这活被妮妮抢走了。""我想发本子被妮妮抢走了！""每次进电脑房去学习，我正想打开电脑，妮妮却抢着帮我打开。""那一次我带错本子了，老师都还没有说话，妮妮就对我一顿狂轰滥炸式的教育。"最后东东强调："我不去学校就是抗议！抗议现在的女生，跟男生来抢活干；抗议现在的女生动不动要欺负男生；抗议女生都要爬到男生头顶上去啦。"东东的爸爸妈妈听了哭笑不得。

【分析】

性别角色作为一种社会现象，具有一定的稳定性，这种稳定性乃是社会结构稳定性的基础之一，也是社会结构相对稳定的反应。

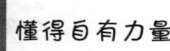

这一种社会性别角色是长期社会化学习的结果,通过观察、强化、模仿获得。在追求性别平等的当今,并不是要简单地让女孩趋"男性化",而是要让女孩接纳并且欣赏自己的"女性化"的特质,将这一份特质运用到恰到好处。

【支招】

> **看到性别角色优势:**性别角色的优势,不是贴标签式的女孩子乖、男孩子皮,女孩子表达能力强、男孩子逻辑思维能力强。要看到不同的性别身上一些不同优势和特质,这些不同性别的优势和特质,应该去好好地保护。
>
> **性别角色优势互补:**社会学家曾经调研男女的不同特点,发现在人们的心目中男孩可能更多的是心胸宽广、直爽大方,女孩可能更多的是心思细腻、性情温和。当然性别角色中的特质不应固化,无论男孩还是女孩,只要能认清自身的特质,并将自身优势的正面意义发挥好,便是和谐。

51. 尊重才是真正的意义

【案例】

洪颖从小到大都是一个班长,虽然是个女生,但是她常常留着干练的短发,她成绩好,在班里有一定的号召力,而且在任何一个

第二篇章 如何爱自己：让孩子建构与自我的积极关系

团队里都似乎是一个领导者。一天班主任老师看到风风火火的洪颖，感慨道："洪颖，看来你们家把你当男孩子养了！"洪颖笑了，说："老师，不是这样的。恰恰是爸爸妈妈尊重我是一个女孩子，他们尊重我就给了我很大的空间，让我可以去做自己想做的事情。"老师很感兴趣，说："你们家的培养女孩的方式很有意思！"洪颖说："妈妈说她是真正的女权主义者，她说女权主义不是要女生去和男生抢地盘，也不是要女生和男生完全一样，而是赋予女生权利，鼓励女生参加各项活动，让女生有足够的空间，长成自己最好的样子。"老师听了连连点头，说："有道理！"

【分析】

在养育女孩的过程中，要倡导的是：赋权、尊重、平等和自我实现。正如美国心理学家卡洛琳·泽碧·恩思所说的那样，要赋予女性自主决定的权利、追求职业目标的权利、受教育的权利等，创设平等尊重的社会环境，提供更好支撑，让她们自我实现。

【支招】

> **把握成长关键期：**在女孩培养过程中要把握成长的关键期，给予适切的引导。重要的是在她们生活的早期要给予她们充分的爱，让她们拥有安全感，那么她们方可能有自信和勇气去探索外在的世界，这对于她们顺利的交友、和他人愉快的相处，都有着

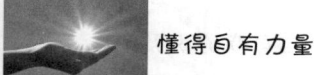 懂得自有力量

> 至关重要的意义。
>
> **赋予生命自主权**：在培育女生的过程中，要让孩子知道自己不会因为性别角色而受到某种束缚，作为女孩一样可以有权利去勾画生命的蓝图、探索未知的道路、实现自己的梦想，要让女孩子知道她们拥有一切幸福的权利。

在养育女孩的过程中，把握成长关键期，赋予她们成长的自主权。

十八、男子汉的养成

男子汉一般指的是有作为、有志气的男子,而今,男孩的家长们更多关心自家的男孩,读什么学校;选什么专业;找什么工作,很少有足够的时间来思考一下,在男孩的成长过程中,培养一个自律的、有担当、有胸怀的男子汉的重要性,这关系到男孩们的人体成长,关系到他们将来的就业及婚姻家庭。

 **52. 被误解的"释放天性"**

【案例】

在一个餐厅里,悠扬的音乐,精致的餐食,突然这一份优雅被一阵啸叫声打破了,两个八九岁的小男孩,在餐厅肆意奔跑追逐,餐厅服务人员劝阻之后,两个男孩的家长不开心了,家长振振有词地说:"男孩子呀!跑跑么也是正常,这是他的天性呀!"后来两个男孩子跑累了,回到自己的座位,看见与他们背靠背的小女孩,于是他们开始偷偷地拉小女孩的小辫子,女孩子不理他们,他们还是

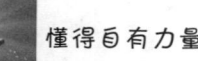
懂得自有力量

肆无忌惮地做鬼脸，女孩子的家长不想有冲突，就带着孩子匆匆离开了。两个男孩实在无趣，缠着让家长回家，家长们谈意正浓，两个觉得无聊的男孩就玩起了"叠盆子"的游戏，他们把残羹剩饭，混在一起，倒来倒去，嘻嘻哈哈打闹。餐厅服务员再次善意劝阻，家长愤怒地站起来说："男孩子呀！你们要压抑他的天性吗？叫他像木头人一样傻坐着吗？"

【分析】

不知道从何时开始，家长开始把"释放天性"挂在嘴边，他们认为孩子所有的表现都是好的，不可压制的。在当下，一些男孩子真的被宠坏了。肆意标榜和强调释放天性，会让自律意识慢慢丧失。自律就是让意识真正当家做主，只要还有目标，自律就有意义。培养孩子的自律能力是非常重要的，自律意识一旦养成，就有了任何事情都会成为可能的心理基础。

【支招】

> **民主且明确地制定契约：**在孩子出现问题之前，先要给予他们正确的规则意识：不同的场合要有适宜的言行；要懂得照顾可以照顾的人；每一天作息时间有规律；每天有固定的运动时间等。这样的契约可以涉及生活、学习、社交等多方面。还要和孩子商榷赏罚标准，比如：没有按照规定时间作息就要取消他的一项最

第二篇章 如何爱自己：让孩子建构与自我的积极关系

喜欢的活动等。让孩子从小就有责任意识，知道答应的事情要做到，若是做不到便要承担一定后果。

温和坚定地执行契约： 制定契约之后难的是执行，作为家长就要做到陪伴孩子一同坚持，如果孩子不能履行契约，家长要做到不发火、不妥协、不食言、不心软，根据之前制定的契约中的相关约定，温和且坚定地执行。在坚持的过程中一定会有反复，家长要激发孩子的内在动机，契约的制定是为了他实现某一个短期或者长期的目标。

53. 被无视的"责任担当"

【案例】

　　罗毅生日恰逢周日，罗毅妈妈准备晚上在家里招待亲戚朋友，为罗毅过一个难忘的生日。一大早，妈妈就起床开始忙碌了，罗毅却一直没有离开手机，妈妈有时候忙不过来喊他一下，他手不离手机敷衍地说一下："你自己弄嘛！"等亲戚朋友一一到位，罗毅索性躲到卧室里去玩游戏了，妈妈又是客厅，又是厨房，忙得晕头转向，让罗毅到厨房端一碗汤到餐桌上，起初罗毅不愿意放下游戏，但是妈妈开着油锅，实在忙不过来，他只好老大不情愿地端菜，没走两步就"啪"的一声，把汤碗掉在地上，碗碎了，汤洒了一地，罗毅生气地甩手去卧室继续游戏。在大家的帮助下，厨房打扫干净，妈

懂得自有力量

妈还没有忘记问问罗毅有没有烫到,罗毅非常生气:"烦死了!你自作自受啊!"亲戚朋友见了直摇头,提醒罗毅妈妈:"罗毅已经八年级了,可不能这样纵容!"

【分析】

所谓的民主,真的不是家长的让步,而是要和孩子们共同承担起彼此应尽的责任,责任是一种能力,更是一种品格。担当就是毫无怨言地承担,并认认真真地完成。家长不要认为让孩子承担责任就是给他们加压,事实上,在承担的过程中可以让孩子去发现问题、解决问题,进而让他们发现自我价值。不论男孩还是女孩,有担当都是他们迈向成熟的标志之一,意味着孩子们将摆脱幼稚和依赖,真正成长为能够和成年人平等对话,抒发自己独立思想的个体。

【支招】

培养担当,父母适当"退位":如今家庭里不论是男孩、女孩,家长都当宝贝"供着",孩子本应该习得的勇气、担当就这样在家庭的无原则的"爱"中瓦解了。作为家长,应该适时"退位",不包办、不替代,要敢于把重担子交给孩子,在担当中让孩子们看到自己的力量。

以身作则言出必行:榜样的力量非常重要,家长平时要注意言传,更要注意身教,不要轻易许诺,一旦许诺就要说到做到;

第二篇章 如何爱自己：让孩子建构与自我的积极关系

> 要有责任心，认真做事有始有终；要关爱家人，不带负面情绪回家等。让孩子们在生命初期，在家庭中找到"有担当""有责任心"的榜样，逐渐学会一样的思考和处事方法，慢慢衍生出自身的力量成就更好的自己。

54. 被遏制的"胸怀格局"

【案例】

念高二的常浩为了完成高中生综合素质评价的课题研究，正在乐此不疲地完成一项水环境治理调研，在调研中他突然发现自己对这一块很感兴趣，也整理了很多有效治理水环境的好建议，他拟写建议想交给相关的职能部门，但他搞不清有关部门，就咨询了爸爸妈妈。他还表示自己似乎明晰了自己的生涯的成长路径，希望自己能够将来从事关于水资源治理的工作，为这个地球做出自己的一份贡献。还没等常浩讲完，妈妈厉声喝道："什么做贡献？不要搞这一些没有边的事情，你先把自己眼门前的事情做做好！我们辛辛苦苦把你送进名校，不想听你谈什么空想。而且说过了你要选金融专业！将来找一份体面的工作！不要把宝贵的时间浪费在这一些没用的事情上去。"常浩悻悻而去，他苦恼为什么现在的老师家长都是这样，做人难道不应该志在四方？不应该拥有更广阔的胸怀吗？

 懂得自有力量

【分析】

　　一个怎样的人才会用有无限动力和专心致志？就是当他在为比自己更伟大的事情努力的时候，心理学家把这种状态称为心流（flow），指的是人在做一件事情的时候的忘我愉快的状态。我们常常抱怨孩子，不专注、不投入，是不是在培育孩子的过程中，更多看到眼前利益，而忽视了孩子本应有的视野、胸怀、格局。当孩子有了更大的格局的时候，可能他对于事物认知的程度也会更深刻、更全面。拥有宽广的心胸和格局，便不会拘于局限的事物，能够淡化眼前的痛苦，一往无前。登高望远才能一览众山小，将人生美景尽收眼底。

【支招】

> **父母的视野决定了孩子的视野：** 育儿先育己，父母的言行举止、素质修养以及厚重的人生阅历，对孩子的影响很大，有些影响也许不是刻意，而是融于无形之中。父母视野格局的大小，在于正确的人生观，有情怀有担当，看得很长远，不为短期利益改变方向，无论顺境逆境，不抱怨不悲观，对生活充满热爱。这可以让孩子们在未来的人生中豁达乐观，正直善良，坚毅勇敢。
>
> **真实的体验决定了孩子的格局：** 连世界都没见过，不了解，孩子们怎么去胸怀天下？有条件的话可以带孩子多走一些不同地方，多一些不同的经历体验，它可以提升孩子自我觉察、对事物的分析能力，可以拓展他们看世界的角度。缺乏大格局的人，往

> 往只能看到眼前的小处而缺乏全局观，不能看到事件本身，更难联系到其他事物，困在固有思维中，自然很难有什么新观念新看法。

释放天性固然重要，责任担当与胸怀大格局会让每一个孩子看到更多意义！

十九、男孩的"味道"

最近"娘炮"二字频频亮相,这一词原本是属于形容词,意思是男生动作表情女性化,但是读来总让人感觉有贬义倾向,而且在谈论这样一个话题的时候,大众似乎都存在一边倒的趋势。任何存在的事物都有其存在的原因,重要的是我们要探讨其存在的理由。

 **55. 阴柔男生不是一天养成**

【案例】

"哎呀!让开!让开!本姑娘要交作业了。"小许常常用这样妖娆的话语引得大家捧腹大笑。小许也常常把自己称作为本姑娘、本小主、臣妾,可是他明明是个初二的男生!每次小许走过同学身旁,大家总是下意识地捂一下鼻子,因为小许常常喜欢喷某一个牌子的花露水,大家对于花露水的味道总是有些不适应。它不属于这个年龄,也不属于这样的场合,更不属于小许这样的男生。小许父母离异,爸爸不知去向。妈妈、外婆还有小许共同生活,妈妈工作很忙,

第二篇章　如何爱自己：让孩子建构与自我的积极关系

一天 24 小时，倒有 15 小时在外面。用外婆的话来说，小许的妈妈这是在逃避。小许还好有外婆呵护有加，外婆就怕小许没有爸爸被人欺负，常常警告小许要"乖点、乖点"，小许也确实成了一个乖乖的男孩子，慢慢地，这样的一种角色倒是成了自己很好的保护色。尽管随着年龄增长，他的体相特征越来越明显，但是小许陷在女性化的角色里不能自拔了。当同学说小许的书包里有口红和镜子时，班主任老师觉得一定要建议小许改改了，然而小许却嘻嘻一笑，表示："老师，我呀已经习惯了，我们家里的两位女士可不管这一些，家里的到处都是女性用品，您叫我怎么办？"这样的表述让老师大吃一惊。

【分析】

种子长成什么样，土壤很重要！性别认同是在生物学基础上，儿童与成人相互作用的结果。儿童的性别认同和家庭氛围、父母的教养方式密切相关，性别教育从孩子一出生就应该开始，起名、着装、生活用品、服饰、发型、玩具要有区分意识。因为性别认同对个体的心理发展具有重要的意义，绝大多数人的性别认同与生物学意义上的性别是吻合的，能接受自身的性特征，如果性别认同发生障碍，则会影响将来的生活。

懂得自有力量

【支招】

> **明辨现状有效改善：**男女性的差异，既有生物学的影响，也有社会文化教育的影响。作为家长不要觉得孩子的生理基础摆在这边，怎么养育都没有关系，要学会观察孩子的言行举止，及时指出问题，有效改善。
>
> **寻找榜样积极影响：**社会学习理论认为，男女两性角色的获得是一个观察、强化、模仿的相互作用过程。往往男孩模仿父亲及成年男性会多于成年妇女，同性模仿模式使得两性角色的定型过程前进了一步。当男孩的生命中缺失男性角色，母亲要试图寻找男性的榜样，可以是亲朋好友、老师，甚至周围的一些积极向上的男性角色。

 **56. 允许多元，但不能替代主流**

【案例】

读八年级的小爱的零花钱常常不够，总是要让妈妈再给她一点，小爱妈妈不明白了，什么都是父母给她买，为什么她常常还是缺钱花呢？这一天小爱竟然还玩起了"失踪"，一早起床，妈妈发现小爱不见了，正当妈妈焦急万分的时候，收到了小爱给妈妈的微信："爸爸妈妈，我去深圳参加一个见面会，3天后回来，你们别担心我。"原来是去"追星"了，3天后，小爱果然按时回来，爸爸妈妈决定要和小爱好好谈谈,妈妈表示女孩有个偶像也不是坏事,关键是为了追星放弃学习,兴师动众跑去另一个城市见他一面值得吗?小爱反驳道:"我们女生现在就喜欢这款的。广告上不是也一天到晚在说男人也有爱美的权利,地铁里那一张张大型海报不都是精致美男?您落伍了!"妈妈听罢,郑重其事地对小爱说:"我不反对男孩子涂脂抹粉,但不能赞成所有男生都去涂脂抹粉,我也尊重你们世界的多元,但是不赞成让非主流变成主流!"

【分析】

《拯救男孩》一书中指出:流行文化正在扼杀中国男生们的男子汉气概,中国男孩不仅体质在变弱,情感上也比女孩更脆弱。现代社会确实允许多元,但是男孩女性化不能成为一种社会发展的主流趋势,如果男性女性化的个体只是少数,那属于常态分布,对社会秩序的影响不大,如果男性女性化成为一种普遍的社会现象,则有可能会打破两性间的和谐。一个健康的社会,需要的是不同性别的个体来履行自己的角色担当,承担角色所赋予的社会责任。

【支招】

赋予权利承担责任: 让孩子拥有"做主"的机会,让他们拥有一定权限,去承担一些责任,让他们有机会在行使权力时,发

 懂得自有力量

现自己的力量与不足。父母此时只要是一个配角，甚至是观众，过程中记得不要吝啬掌声，要允许犯错，在适当的时候与孩子分享一些父母的成长经验。

接纳多元适当引领：作为父母不要小觑流行文化对于青少年的影响，面对汹涌而来的多元文化，父母首先要自己正三观，在势不可挡的流行文化面前，父母要在先稳住自己的情况下，通过各种形式的家庭互动，自然而然地畅谈自己的对于非主流与主流文化的看法，进而传递社会的主流价值观。

 **57. 男生追求精致也没错**

【案例】

新学年又要开始推选班干部，班主任李老师非常想把原来的班长孟浩给替换掉，别看孟浩有一个很男子汉的名字，但李老师总是觉得这个男孩子缺乏一种男子汉的气概，缺在哪里也说不清楚，只是觉得一个高中生就应该把心思全部放在学习上，可是孟浩似乎把很多精力放在打扮上，头发非常有型，皮肤修饰得很好，穿衣服还特别讲究，李老师就是觉得孟浩和他心目中的班干部不太相符。但是最后的局面也似乎不能受他控制，通过投票，孟浩的票数遥遥领先，最后还是稳稳占据班长的宝座。为此李老师刻意开了一个小型的座谈会，他想了解一下为什么孟浩能够得到大家这么的喜爱。座

第二篇章 如何爱自己：让孩子建构与自我的积极关系

谈会上，同学们都表示：男生追求精致的生活没有错呀！学生时代也应该追求精致的生活，而不仅仅是做一个苦行僧。中国男人就是太糙了，需要一些精致！关键的是大家认为孟浩的精致不仅仅体现在外在注重修饰自己，孟浩的精致是恰到好处的，更是由内而外的，他对于美的感受力，对生活审美力让同学们很是佩服。有一个女生对李老师说："老师！中国的男性普遍配不上女性，你们太不讲究了，适当的修饰是一种进步和文明的体现！"李老师开完座谈会，经过门厅的落地玻璃门，也破例照了一照，若有所思地好好端详了一下自己！

【分析】

随着社会的发展，男性很少有机会从事大量重体力劳动，就很少有机会来表现他们的威武强悍的一面。在社会发展的过程中，两性双方吸纳彼此性别角色中的优势也是一种趋势。未来社会，男生既可以粗犷，也可以精致，女性既可以温柔，也可以豪放。《中国妇女报》也刊文称刚柔相济才可成就完美人格，男人讲究些、精致些，更尊重女性一些，就会更加有利于社会的和谐与发展。

【支招】

> **精致是文明但有别**：确实，当一个男孩子，讲究一些、精致一些、温和一些是一种文明程度的体现，但是这一种精致一定是

有边界感的。常常有人说现在的社会重要的是颜值担当,这颜值并不单单是指女性美,也并不需要男性都要去模仿女性美,男性的颜值担当就是要保持男性性别中那一份俊朗、潇洒、阳刚之美。

吸纳是进步但有度: 能够看到别人的好,并且试着学习这是一种进步。但是男女有别,男女生在相互学习的过程中,要在保持性别本色的基础上,千万不能像邯郸学步那样,学习了别人,却丢了本来的自己。

当今社会,讲求多元化与人性化,尊重个人权利与人的自由发展,因此评判价值的标准边界不再绝对化,大家都可以努力成为性别角色最好的状态。

二十、"妈宝"请自己成长

网新名词层出不穷,那些被妈妈宠坏了的孩子,被称作为"妈宝"系孩子,就是指什么都听妈妈的,认为妈妈什么都是对的,长时间下来就会滋生出依赖思想,长此以往慢慢地没了自主意识。当然"妈宝"系的他们也不尽相同,有一些在享受,有一些在迷茫,还有一些在抗争!

58. 缺席的星期三

【案例】

星期三的一早,班主任方老师又收到了王玮妈妈的微信:"老师,王玮今天身体不舒服,请假一天。"方老师早已意识到问题了,为什么总是星期三身体不舒服?没有这么巧吧?她带着疑虑决定家访一次。来到王玮家,方老师发现王玮妈妈也在家,并未去上班。王玮妈妈让已是五年级的王玮和她挤一把椅子,还搂着王玮,尽管老师在,他们似乎也没有觉得不妥。王玮妈妈是营业员,每周休息

懂得自有力量

日是周六和周三。在孩子三年级的时候，王玮的父母离异了，王玮的妈妈忙于工作，平时的生活起居都要靠王玮的外婆来帮忙。直到现在还是如此，只是在王玮妈妈的休息日，外婆才回自己家。方老师问起王玮身体有何不适，母子俩都支支吾吾，方老师隐约觉得是因为妈妈渴望孩子的陪伴，才在周三自己的休息日把王玮"留"在家里，方老师觉得这实在是有点不合适了。

【分析】

一般在儿童1岁左右会实现生理上的断乳，心理断乳期是指青春期到青年初期阶段，个体从幼稚走向成熟的转折时期，过了"心理断乳"期，心理上就会有进步，从依附变得独立。在一些特殊的个体身上，在受挫之后，他们并不希望孩子"心理断乳"，他们依旧希望孩子与自己有一种依赖的关系，似乎这样的依赖才让自己有存在的意义。案例中王玮的妈妈便是如此，在经历婚姻失败之后，她渴望孩子的依赖与陪伴，甚至不惜让孩子不去上学。

【支招】

> **妈妈的心理建设：**心理学大师弗洛姆认为母亲有不断成长的心理历程，在陪伴和养育孩子的同时，她们要重新踏上自我心理建设之路。一个母亲对于孩子的心理成长影响深远，要为人母就要练就一颗强大的内心。

第二篇章　如何爱自己：让孩子建构与自我的积极关系

> **孩子的真实表达**：孩子要学会用言语表达自己的感受，对于母亲的一些建议与干涉表达出自己的真实的情绪和感受，让这一些感受就像一面镜子一样呈现在妈妈面前。可以很具象地表达，如：当妈妈希望孩子和她坐在一张椅子上的时候，如果孩子觉得不舒服、不合时宜，那就应该将自己的情绪和感受表达出来，而不是一味顺从。

59. 儿子，妈妈帮你来许愿！

【案例】

高二学生尹遥几乎每周都要来学校的心理咨询室一趟，每一次来咨询室几乎都要和心理老师探讨同一个话题："老师，我们为什么活着？"开始，他的这个状态引起了心理老师的警觉，赶紧给尹遥做一系列评估，尹遥告诉老师不必那么紧张，他不是不想活着，而是和老师探讨活着的意义。咨询中老师了解到，尹遥生活优渥，父亲有几家公司，母亲是全职妈妈，家庭关系不错，也自认为从小的经历也是比较顺利，没什么太大的挫折，他对自己的现状很困扰，他很想找到原因，他认为找到原因问题就解决了。心理老师多次与他探讨之后发现，尹遥会谈起妈妈在家"闲"着没事，养育他是妈妈的唯一工作，妈妈什么事情都要替尹遥做，甚至生日的时候妈妈还要替尹遥许愿！当老师着重询问了这一部分细节后，尹遥也觉得他

懂得自有力量

似乎找到了问题的根源。

【分析】

　　人生就是在不断寻找和实现自己的价值，探寻生命的意义即是在探寻自我价值。每一个阶段的个体都在追寻自己的意义与价值，不同的阶段活着的意义也不同。心理学家德西和瑞安提出了自我决定性（self-determination）的观点，该理论假设了所有人都试图满足的3种需要：能力、关联性和自主性。如果仅仅满足其中一种或两种需要，那就无法维持心理的健康，甚至可能引起适应不良，产生无助感。案例中尹遥的困扰就是他自我决定性的丧失，甚至发展到开始质疑生命的意义。

【支招】

> **均衡的亲子关系**：人们在关系中找到自己，在关系中成长自我，亲子关系又是所有关系最为重要的关系。母亲过度的没有觉察力的爱会使亲子关系失衡，孩子就会进而采取一些不当应对方式，如逃避、对抗、虚委应对、自我折磨等。母亲适度的期待、适度的爱，才会使亲子关系更加稳固。
>
> **彼此的自主成长**：在亲子关系中，大家都应寻求自我成长，成长不只是孩子的事情，母亲也要随着孩子的年龄特点不断成长、调整。爱有爱的艺术、给予有给予的学问，关键的是科学的理性的爱，每一位妈妈要懂得，养育孩子的境界就是爱到极致是放手。

第二篇章　如何爱自己：让孩子建构与自我的积极关系

 **60. 估计我妈会替我相亲**

【案例】

须荨已是一个八年级的女生，用她的话说，她妈妈还是把她当做小学二年级的小朋友对待。尽管学校离家不是太远，妈妈仍然坚持每天接送她上下学；尽管学校都安排穿校服，妈妈还是每周都会安排好须荨的着装。妈妈越是这样，须荨越是反着来，故意不穿校服，放学回家和同学结伴而行，让妈妈无法接近。最让须荨恼火的是，现在她会和同学有一些小聚会，每一次聚会妈妈都要共同前往。有时候等在外边，有时候干脆和须荨一同进入，找一个离须荨几张桌子的地方看着须荨。有一次须荨实在是无法忍受，冲到正在"监视"她一切的妈妈边上吼道："您这是在干吗？我很安全的，我估计就冲您这样下去，我长大了您是不是还会替我去相亲，陪我约会？"看到自己宝贝的怒火，须荨妈妈一肚子的委屈。

【分析】

很多"妈宝"在一定的时间段里，会有试探性的抗争，当这种抗争得到胜利，便是成长，意味着孩子正在为自己的独立作出努力。如果此时母亲以更为强势的力量压制，时间长了，可能孩子的这一种试探性的抗争也会消失，慢慢变成了顺从，自我成长严重受损，这样是不利于个体发展和人格的健全的。

懂得自有力量

【支招】

> **坦诚以待表达心迹：**解决冲突最好的办法就是双方静下心来，表达彼此的初衷以及在事件发生之后的各自内心真实感受与想法。只有看到对方真实的内心感受，倾听到对方的真实的声音，才是建设性的交流，有助于冲突的解决。
>
> **教授为主保持距离：**妈妈寸步不离的背后是担忧，面对孩子的抗争，妈妈应该反思如何将自己的爱变得让孩子能够接受。可以试着告诉孩子一些自我保护的常识，学着放手和孩子探讨如何保持一个双方都能接受的距离。同时，孩子也要用行动证明自己长大了，比如能够应对一些挑战，自己能够选择合适的伙伴。

每一个孩子都渴望找到属于自己的力量，学着自己长大，作为妈妈不能总是想着要为他们扫除障碍，应该让孩子自己找到力量去扫除障碍，让孩子自己长大，进而成就他们自己的自信与强大。

二十一、做个"丰盈"的学霸

近日有则新闻,一个学霸毕业后总是找不到工作,就算找到了也做不了几天,他妈妈询问时,他对他妈妈吼叫:"还不是你,一直叫我做功课,连朋友也不让我交,现在我完全不会和人交往!"由此可见,在孩子的成长过程中,对于孩子的自我意识、控制情绪、认知他人情绪和处理相互关系等情商元素不可忽视。

61. 被偷走的积极情绪

【案例】

王玺每天超负荷地学习,双休日又奔波在各个培训机构,通过他的努力,他似乎也成为大家心目中的"学霸"。那一天,班级大扫除,应该是轮到王玺他们这一组打扫,而这时王玺正在教室里完成一道数学题,他不仅不大扫除,还一直抱怨大家妨碍他的思绪。一位和他同组的男生实在看不下去了,对着王玺说:"你学霸了不起呀!自己不大扫除,怎么大家还都要看你脸色呢?就算你的分数再高,自己该尽

懂得自有力量

的义务没尽,自己该担的责任没担,你就是学渣!"王玺一下子站了起来,红着脖子大声说:"你们这些学渣懂什么!"说完拿起垃圾桶跑到讲台上,把所有的垃圾倒在了讲台上。事后王玺和心理老师表示,其实那个男生的话戳到了他的心里,他一时无法应对,就采取了这样的行为,似乎想捍卫些什么,事情就这样却越来越糟!

【分析】

　　幸福感是指人们基于自身的满足感与安全感而主观产生的一系列欣喜与喜悦的情绪,无论身在何处。心理学家认为幸福感能让我们拥有持久的战斗力。现实生活中,我们常常引导孩子要盯住未来,告诉他们,相信未来总会有一天会梦想成真,那时候我们会幸福。忽视当下的感受,无视当下的情绪,这样的无视与忽视会让孩子的思维变得单薄片面,行为变得狭隘极端。心理学家芭芭拉·佛雷德里克森认为,生机勃勃的积极情绪是喜悦、感激、宁静、兴趣、自豪、兴趣、希望、逗趣、激励、敬佩、爱,当积极情绪进入我们的心灵,积累起来,慢慢就会形成一种内心的力量,正是这一种力量让我们更有弹性、更有韧性。

【支招】

　　让积极思维发现美好:每一天都有不同的事情发生,有所谓的好的和不好的,在纷繁的生活中,能否拥有积极情绪,关键取

第二篇章 如何爱自己：让孩子建构与自我的积极关系

决于我们如何思考，或者说如何对事情解释。当事情来临，我们是否愿意花一点时间，去想想它好的一面，通过理性分析得来的积极情绪会更加持久。

让积极情绪丰富内心：心理学家认为，积极情绪有很多表现形式，细化出来可能会更多，重要的是在生活中，我们要引导孩子要去体察、去运用。珍惜自己的拥有，表达感恩；发现他人优势，送上敬佩；看见他人困境，适时援助，这一些感恩、敬佩、爱的能力，都会让我们的孩子看到更多、想到更多、创造更多。

62. 被压抑的真实需求

【案例】

"好好学习，别的啥也不要管！"这是毕海妈妈几乎天天挂在嘴边的一句话。从小毕海妈妈恨不得将毕海放在真空状态，最好不要和同学们玩；最好不要参加任何活动；最好不要担任任何班级工作，免得浪费学习时间……毕业前夕，大家都在互赠地址、留言和联系方式，毕海深深感受到自己被"真空"了一回，同学们忙得不亦乐乎，但却几乎都无视他的存在。最后，他不顾妈妈的反对，也买了一本留言册，但是同学们的留言不像是在别人那儿洋洋洒洒，到他的留言册上，几乎都是很干涩地写了学霸二字，然后是一些无关痛痒的祝福话语。尽管如此毕海还是很珍惜，常常学习之余翻阅留言

 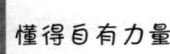

册,他妈妈看见了,顺手把留言册扔出了窗外,还告诉毕海:"马上要中考了,别天天看这些没用的东西!"毕海非常生气,第一次指着妈妈的鼻子说:"你给我捡回来!"妈妈看到毕海这一次真生气了,说:"我去捡就是了,至于吗?发那么大脾气。"毕海大声吼道:"至于!还至于!你懂什么!我渴望被同学记住!我渴望被同学们看到!这对我很重要!"

【分析】

美国斯坦福大学的一项研究表明:拥有学校归属感会让学生对学习更投入。学校归属感(School belonging)是学校生活质量的反映,学生在学校环境中,需要被老师和同学接受、尊重、包容、鼓励,并感到自己是其中重要的一分子。心理学家马斯洛认为,归属和爱的需要是人的重要心理需要,满足了这一需要,人们才有可能自我实现。就像案例中的毕海说的那样,他需要被同学们"看见",他需要一种归属感,他希望自己是班里的一分子,这一种感受会让他感觉到安全而温暖,进而就会更加投入,更加自信。

【支招】

> **了解的前提是表达自我**:很多问题出在不了解上,家长常常抱怨现在孩子不愿意与自己交流,但更应扪心自问,我们有没有创设提供孩子表达的宽松的氛围;有没有去引导孩子有效表达的

策略；有没有让孩子知道了解自我，察觉自我，观察和审视自己的内心体验，并且适时适度地表现出来。

被他人接纳的前提是接纳他人：我们常常渴望在所属团体中得到他人的认可与接纳，那么，我们自己的言行与态度呢？对待自己所属群体成员的态度是最好的镜子，因为它会反馈给我们，所以我们要去识别他人的情绪，感受他人的难处，理解他人的需求与欲望。在接纳他人的同时也就感受被接纳的快乐了。

63. 被忽视的关系建构

【案例】

最近，学霸吴辰迷上了一款网游不能自拔，学习成绩也下滑了，可急坏了老师和家长。班主任老师问吴辰，为何一直自我管理得比较好，这一次却没有好好管住自己呢？令老师没有想到的是，吴辰的回答不是压力大想放松之类的理由，而是："我喜欢和高智商的人玩，班里的同学太LOW，我懒得理他们！"，"懒得理你们！"成了吴辰的口头禅，成绩优异的他，经常会遇到同学向他请教问题，他却懒得理班里的同学们，不但不帮助同学，还时不时讽刺挖苦向他请教问题的同学。久而久之，他就成了班级的一个"独行侠"，没同学愿意和他在一起，免得被他的话扎心。吴辰忽视现实生活，也无法承担社会角色，无法在与他人建构关系中获得乐趣，他只有逃遁到

虚拟世界中寻找所谓的快乐,而虚拟世界里的快乐也是如此的虚无,在游戏激战中,其实也并没能够让他安然、放松,而是更多的忐忑、惶恐。

【分析】

游戏成瘾可能只是一种外在形式,它往往伴随着更多的心理问题,抑郁、焦虑、社交困扰等。作为社会性的生命个体,每个人都隶属于某些系统,家庭、社区或者某个组织。人在社会中不是孤立的,人的存在是各种关系发生作用的结果,人正是通过和别人发生作用而发展自己,实现自己的价值。

【支招】

> **认识积极关系的意义**:与他人建构积极关系是极为重要的,它是人的基本社会需求,可以帮助我们进行自我了解,以达到自我实现与肯定,同时,也可以自我检定自己的社会心理是否健康。
>
> **建构积极关系的策略**:研究证实,当周围环境和师友提供了最优的支持、共情和选择时,孩子们最有可能拥有良好的心理健康和人际关系。从这个意义上来说,帮助孩子建构积极的关系是非常重要的,需要家长时时关心,并在需要的时候主动提供有效支持。

第二篇章 如何爱自己：让孩子建构与自我的积极关系

学霸应该是全面发展，多元成长的，在注重学习成绩的同时，更要学会在不同情境中理性思考，作出对自己和他人负责任的决定，学会调节自己的情绪、解除人际交往的困扰、灵活处理生活中的问题。

二十二、读书看到内在的自己

最近有个讨论在网上引起了热议,一位妈妈表示,她不会让孩子看《海的女儿》,因为这个故事教唆女孩子为了爱情无脑牺牲。也有家长表示,孩子不能看《西游记》,孙悟空闹天宫就是抢劫闹事。真的有所谓的"坏书",需要把它们扔出孩子的世界吗?

64. 肤浅狭隘了内心

【案例】

俞涓正在专心致志地读着《海的女儿》,妈妈过来看见了说:"女孩子还是少读这些书!我听说海的女儿为了爱情化为泡沫,你可不要这样无脑!"俞涓看着妈妈一脸无奈:"您好好读过《海的女儿》吗?就这样妄加定论!书中隐喻是这么简单吗?"妈妈看见俞涓反驳,生气了:"我可没有时间读这些!再说了人家一个国外的作家,在很多年前写的,对现在的你又有什么意义呢?对你考试有什么价值?赶紧把书扔了,多看做一些教辅书上的题目,才是真正有用的事情。"俞涓苦笑道:"妈妈您知道多少家长希望自己的孩子爱上阅读,我这好好阅读呢,您还百般阻拦!"妈妈严肃地说:"是要看书,但要看对学习有用的书!"俞涓说:"就您自己整天刷刷微信,看看肥皂剧,也不读书,我是简直没有办法和您沟通了!"俞涓妈妈勃然大怒:"看了几本书你还翻天了!"

【分析】

现代人常常因为工作、学习压力大、生活节奏快而丢失了深度的阅读的习惯。深度阅读就是在阅读时进行综合思考、系统整理,以形成对某一个话题的整体认知。浅层的、碎片化的阅读带来的是思考方式单一,看待事物的角度狭窄、甚至极端,导致思维狭隘,不能容忍与自己不一样的人或是不能理解的事。案例中的俞涓同学给我们做出了多么好的示范,从深度阅读中丰富知识和经验,增加阅历见识,拥有思维的开阔度。这一种深度阅读的习惯应该被好好保护。家长切忌"鼠目寸光"。

【支招】

> **探寻深度阅读的意义**:有这样一句话:"板桥居士读书求精不求多,非不多也,唯精乃能运多,徒多徒烂耳。"深度阅读是在不断理解作品意思的基础之上的思考和感悟,家长自己首先就应理解,一部作品只是一个载体,要能够透过文字看到其中的道理、

懂得自有力量

意义,并且试着将这些道理和意义迁移到生活和学习中去。

培养深度阅读的习惯: 家长应试着与孩子一起读一本书,一起用自己的语言去整理和讲述这本书的内容。提炼、概括和整理本身便是一个内化的过程。可以引导孩子多看看专家书评和他人的读后感,看看别人的思路和方法,洞悉作者想要表达的内在。在家庭中还可以安排一些读书分享会,允许家庭成员从不同角度阐述观点,做到知其然,还知其所以然。

65. 读书丰盈了思考

【案例】

马上要考试了,诸勋还拿着一本《吞钥匙的男孩》在看。妈妈一把抢过书,气愤地说:"都什么时候了?你还在看这种闲书啊!还不赶紧背背古文,背背英语单词?"诸勋说:"我这也是在复习。您知道《吞钥匙的男孩》是'世界青少年大奖小说'系列书籍,书中要表达的是每一个孩子都是天使,但成长总有烦恼,有时候他们控制不住自己的行为,因为在他的身体里盘踞着一个看不见、摸不着的魔鬼,必须每天和它战斗,这本书让我们认识到父母树立榜样的重要性,也启示我们应该多点关心留意身边特殊的孩子,给予他们宽容和接纳。您知道有一年的高考题目是什么'被需要'!我看这些您所谓的闲书,也是在丰富认知,拓宽思路,丰盈思考。什么事情

第二篇章 如何爱自己：让孩子建构与自我的积极关系

不能一就是一，要有辩证，要学会变通，要触类旁通！"诸勋长长的一段表述，妈妈听得心服口服，说："好吧好吧！你有这样的认识，就好好去做吧。"

【分析】

心理学家贝克认为：早期的经验会让个体形成一些功能失调性假设，一旦这些假设在实践中被激活，负性想法便会自动在脑中出现，如任意推断、选择性抽象、过分概括、个人中心等，这些负性想法影响着个体对事物的评价与行为的准则。因此我们更强调辩证思维要从小培养，要以变化发展的视角认识事物，摆脱任意推断、选择性抽象、过分概括的思维模式，明确世间万物之间是互相联系，互相影响的，学会以动态发展的眼光来看问题。儿童青少年的辩证思维可以从家长和教师处获得培养，而书本也是一个特别好的培养孩子辩证思维的老师。

【支招】

> **让读书检测负性思维：** 看别人的问题往往会看得更加清晰，家长对于孩子存在的一些成长的问题，可以找来相匹配的书籍，一起和孩子阅读，之后再一起聊聊对于书中内容及人物的看法及不同观点，从书中人物慢慢迁移到自己现状，这样的引导有了书作为中介，可能更为顺畅自然。

懂得自有力量

> **让读书培养辩证思维**：《塞翁失马》的寓言故事告诉我们一时虽然受到损失，也许反而因此能得到好处，坏事在一定条件下可变为好事；《刻舟求剑》则告诉我们办事不能只凭主观愿望，不能想当然，要根据客观情况的变化而灵活处理。若是要培养孩子的初步辩证思维，家长只要愿意，能够找到很多生动的文学典范。

66. 书中看到了自己

【案例】

　　方俊从小父母离异，在爷爷奶奶家长大。爷爷奶奶一直担心其父母的婚姻状态会影响到方俊的成长。让方俊的爷爷奶奶庆幸的是，方俊这孩子除了是一个书虫之外，似乎没啥特别大的问题。爷爷奶奶都是教师，所以家里有的是藏书。方俊常常一头扎进那一排排的书中看个半天。方俊的学习处于中上水平，也有三五好友，除了性格有些内向之外，没有什么特别的情绪问题和交往问题。一天爷爷跟方俊聊天，当爷爷问："你对自己现在的生活状态的评价是什么？"方俊回答："其实有时候看到自己的一些缺失也会惆怅和遗憾，但读书会告诉我一些人生的哲理，生命状态会呈现不同的方式，我更多的是应该说感谢。感谢生命所赐予我的一切，这赐予里面也包含着那些缺失，那些遗憾。"爷爷看着小大人似的方俊有板有眼地侃侃而谈，欣慰了许多，他抬头看着书房里那一排排的书，感慨地点了点头：书中自有颜如玉呀!

【分析】

自我意识是对自己的觉察和认识，自我意识的培养有很多途径，其中多读书、读好书就是一种非常好的选择，特别是一些经过时间检验的名著，尤其有阅读价值。每一本书，都是作者用丰富生动的语言诉说着一件件事情，一个个观点，读到精彩之处，会觉得正是这些文字一点一点地击穿我们的身体到达心灵深处。有时会有这样的情况，当我们读完一本书，会特别有感触，还会想找个人聊聊。通过读书我们似乎能更清楚自己，因为我们的感受、想法、观点慢慢就会长出来，还包括自己的情感、态度、价值观，所以说，读书是为了更好地发现自己。

【支招】

> **开启观点交互促自我认知**：读书之后总有观点，如果亲子间有不同的观点也是很好的事，大家可以坐下来好好说说自己对于书中的故事、人物的看法，各抒己见。在观点陈述中，每个人对于自我的认知就会更为丰富、具体一些。
>
> **提供间接经验促自我评价**：《鲁滨孙飘流记》中的笛福是一个孤独而顽强的冒险者；《童年》中的阿廖沙在苦难中长大，《骆驼祥子》中车夫祥子生活艰难，等等。这些不同的人物的不同经历，

都能在读书的过程中给我们间接经验，丰富了见识，拓宽了视野，有了选择与判断的基础。读书能让孩子更容易拥有对自己的客观认识与评价。

孩子爱读书的前提是父母爱读书，愿每个家庭都能一起多读书、读好书。

第三篇章

如何在社会：
让孩子建构与社会的积极关系

我们因相似在一起
却因为差异而成长

二十三、恰到好处的挫折教育

古语云：吃一堑，长一智。其实也不尽然！挫折有积极的一面，也有消极的一面，有时候挫折给人以打击，带来损失和痛苦；有时候挫折是一种锻炼，成为一种成熟与奋起的力量。关键在于：挫折教育要讲求科学性。

67. 挫折是可以激发潜能的

【案例】

大明山之行是这次亲子夏令营的目的地，主办方希望通过爬一次山、涉一趟水来拉近亲子间的关系。没有想到在活动过程中，还有意外的收获。在孩子们爬山的时候，有一段山路是要通过软梯爬上近20米，坡度几乎是90°的崖壁，对于差不多都是十来岁的孩子来说，真是一次很大的挑战。在困难面前，孩子们都犹豫了，这高度和坡度确实让人生畏。在主办方工作人员的鼓励下，胆子大的，有过经验的孩子先上，接着是想挑战一下自己

懂得自有力量

的孩子也上了。最后是一批认为自己肯定上不了的孩子们拒绝攀爬，但因为路线的设置是不走回头路的，必须每个人都要过，才能和大本营的父母汇合。在坡上、坡下所有人的鼓励下，这一些孩子陆陆续续地克服了内心胆怯，站上了山顶。最后只剩下子豪，这个被大家称为文弱书生小男孩，要爬上软梯，站在山顶对于他来说实在是觉得太难！但是在当时加油声、鼓励声响彻山谷的氛围下，他终于硬着头皮爬了上去，尽管他的手一直在抖，脚一直在抖，还花了很长时间，但到登顶的那一刻，子豪还是觉得心中豪气冲天，他觉得那一刻，他成长了，发现了自己不曾有过的生命力量！

【分析】

潜能开发就是用有效的方式开发、放开自身的内在潜力，如危急时刻：急中生智，智慧会突然千百倍地迸发而出；绝处逢生，力量会突然千百倍地涌流而出。开发潜能有三大要素，那就是强烈的愿望、高度的自信、坚定的意志。案例中的子豪要爬上自己从未爬过的山，他的这三大要素一开始皆来自他人，在他人的鼓励下，面对困难，他终于激发了自己的内在力量。要是没有这一回的挫折，也许子豪还停留在"我是文弱书生"的思维里。当战胜挫折时，它会成为成长的财富！

【支招】

看到挫折更要看到其积极意义：能够理性看待挫折是十分重要的。当挫折来临时要做出清醒认识，挫折是不可避免的，或许是人生的一部分。既然无法躲避，就要积极地尝试面对，只有面对才会有结果，有了结果才能看到挫折的意义。

不是外在激励而是自我激励：遇到挫折时，应该更多从方法上给孩子以点到为止的启发和指导，要将外在激励转化成孩子的自我激励，尽可能让孩子学着用自己的方式解决问题，克服困难，这样才能体验到成功感。

68. 挫折教育是顺势而为的

【案例】

在学校举行的达人秀比赛中，张超由于过度紧张发挥失常，惨遭淘汰，没有能成为本届校园达人秀的十名达人之一，张超非常难过。回到家妈妈安慰道："没关系，输就输吧，我们超超发挥失常，其实那一些得奖的同学水平还不如咱们呢！"当天晚上，张超的爸爸妈妈担心正处于青春期的张超过不了这个坎，商量着要给孩子上一次挫折教育的课，决定安排双休日去参加两天的徒步游，让孩子在挫折中变得坚强起来。可是，当父母告诉张超徒步游的计划时，消沉的张超说什么都不愿意参加。张超的爸爸妈妈非常生气，就说他经

懂得自有力量

不起打击,仅仅一次打击就什么都放弃了。张超听了,大声反驳道:"你们知道什么!你们懂我吗!"之后甩门而去,留下父母面面相觑,觉得这个孩子真是经不起打击呀!

【分析】

　　当挫折来临时,父母要与孩子一同面对,但一定要注意方式方法。如案例中张超妈妈的回答,就根本没有解决当下真正的问题,她的好言相劝看上去是想提升张超的自信,其实反而起到了反作用。自信这一种良好的感觉根植于我们与外在世界的成功交流,张超妈妈不仅没有对孩子当下的挫败进行合理归因,反而一味回避与哄骗,这不能解决问题。生活中,经常会遇到大大小小的"挫折",其实生活本身就是最好的教育素材,父母不要给孩子无端设置一些所谓的挫折教育,而是要在解决当下困扰上多下功夫。案例中的张超更希望的是解决淘汰的挫败感,而不是另起炉灶再制造一个挫折进行教育。

【支招】

> **捕捉消极思维:** 当遭遇失败和挫折时,脑海中会闪现一些想法,这一些想法可能不被我们感知到,但是它们确实影响到了我们的情绪和行为。如"这回出洋相了!""我就是最糟糕的那一个!""今后我可要成为同学们的笑料了!"等等。父母应该引导孩

子对这些消极情绪进行评估，收集事实资料来证明自己的想法是否正确。

正向思维替代：对于评估下来的非理性想法，要试着用正向思维替代，也就是用积极的思维来考虑问题，如："这回出洋相了！"可以这样想："每个人都有紧张的时候，大家能够理解吧！"也可以这样想："这下好了，我总算卸下偶像包袱，以后可用平凡的人的状态生活。"至于那些确实存在的问题，则可以通过制订计划来逐步实现改变。

69. 挫折教育需要细水长流

【案例】

乐加成绩优秀，能力较强，在他不算太长的求学生涯中，似乎一切都比较顺利。乐加的爸爸觉得孩子太顺利不利于成长，于是，决定让乐加去参加"吃苦夏令营"穿越沙漠，通过旅途中的一些挫折，可以培养乐加成为真正的男子汉。他还给乐加制定了一系列的规定。七月的沙漠，气温炎热、空气干燥，开始几天，乐加生怕让爸爸失望，咬着牙坚持着，但是后来几天，实在坚持不住了，并且还发烧了！乐加爸爸也吓坏了，赶紧终止了"吃苦夏令营"，送孩子回到城市就医。看着嘴唇干裂，打着点滴的孩子，乐加爸爸后悔不迭，不该脑袋一热，就给孩子这么大的挑战，更让他难过的是，孩

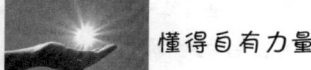
懂得自有力量

子一醒来就问爸爸："爸爸，看来我不是一个真正的男子汉呀！"

【分析】

有些孩子能力较强，在生活中遭到挫败的机会可能不多，对于这样的孩子，人为地设置障碍制造挫折，以训练其对逆境的忍受能力，以求更好地适应生活也是有道理的。但是，挫折教育是需要适度考量的，不能只顾给孩子挫折而选择孩子完全不能胜任的逆境，去培养他们所谓的"抗逆力"，不恰当、不科学的挫折训练，有时候会适得其反，甚至会让孩子一蹶不振，失去原有的信心。挫折教育不是一蹴而就的，它应该是顺应孩子发展的一个螺旋式上升的长效训练，挫折教育需要细水长流。

【支招】

> **挫折教育是激发不是打压**：苦难是最好的老师，不代表挫折来了就能自然而然让孩子变得坚强起来，挫折教育要讲究科学，并不仅仅是让孩子吃点苦，挫折教育的目的是让孩子在体验中，学会面对困难，培养耐挫折能力，引导孩子从不同角度发现自己成长力量，从而建立自信，培养乐观的品质。
>
> **失败是开始不是结束**：挫败在所难免，千万不要把失败当做结束，很多成功人士恰恰把失败当做成功的开始。失败之后更需要静下心，检查反思目标是否得当、方法是否妥当，分析阻力来

> 自何方，想明白了再去迎接挑战，说不定会有更多收获，很多成功往往以失败之后的反思为基石。

生命中顺境与逆境都是常态，通过自身的力量破除障碍，身心都会得到新的突破与发展，这便是成长！

二十四、心灵的"小中产"

贫富差距常常会唤起人们内心复杂的感受：羡慕、妒忌、愤怒、怨恨……不如做一个心理上的"中产阶级"，对于自己的处境有真实的满足感，对于自己的现在有全心的投入，对自己的未来有追逐的动力。总之，无论是对现在还是对未来，都要有规划力与掌控力，从容面对生活。

 **70. 如何觉察到我们的虚荣心**

【案例】

林洁品学兼优，平时把心思全部放在学习上，父母老师为此深感欣慰。这一天，她应邀参加了同学陆妍的生日派对，陆妍家在近郊的别墅里，父母特地喊了出租车把她送过去的。回家的时候林洁就不开心了，她抱怨自己家没有车，别的家长都是自备车接送，她觉得自己非常没有面子。自从那一次生日派对之后，林洁就像变了一个人，心思不在学习上了，总是抱怨这个抱怨那个，她开始对父母提出种种要

第三篇章　如何在社会：让孩子建构与社会的积极关系

求，买这买那，即使父母满足了她的要求，她仍旧是一堆不满，抱怨道："这个怎么能跟陆妍的比，人家可以是从海外带回来的！""陆妍穿的那个要四位数，我这个一看就是仿的。"她的爸爸实在生气了说："我们家就是工薪阶层，我和你妈妈已经很努力了！你到底要我们怎样?!"林洁也哭了，说："我怎么那么倒霉，生在这样的家庭里！"

【分析】

虚荣是会让人痛苦的，就像案例中林洁同学表现出来的那样，当条件所限，无法使自己比别人强时，一些人就会在这种与别人的差距中感受折磨与痛苦。虚荣是扭曲的自尊，是以一种不适应的虚假方式来保护自己自尊的心理状态，常常表现为对自我现状的极不满足，肆意盲目攀比，过分看重别人的评价。有虚荣心的个体看似自尊心特别强，但是内心往往有着深深的自卑感。

【支招】

> **重塑生活有效觉察**：当一个人妒火中烧，自怨自艾的时候，又怎么可能会有好的状态去理性面对自己的现状呢？可以试着用第三人称的方式说说自己的故事，让故事重塑出真实的生活状态，用不同的观点看待自己的现状，有效觉察试着改变。
>
> **价值认同看到资源**：对于某种价值的认可和共识，决定着群

体内个体的理想、信念、追求。无论在家庭中、学校中、抑或是在社会上，要形成一种积极价值认同，不唯物质论，不唯金钱论，把个体的积极性格优势与品质看作人生最珍贵的资源与财富，因为那些才能真正陪伴我们面对人生波折，迎接胜利的曙光。

71. 如何照看好我们的自尊心

【案例】

每个周五放学的时候，来接孩子的车辆一直可以停到第二个路口，之恒总是背上沉沉的书包，静静地穿梭在这长长的车队里，默默地走向公交车站，然后，换两部车到家。到家之后，妈妈照例会说："儿子回来了，妈妈说要开电瓶车来接你，你总是不要，好歹妈妈可以帮你带一下书包，让你可以轻松一点。"每每看到妈妈这样心疼的目光，之恒心里总是有万般的滋味，他照例会别过脑袋去不看妈妈一眼，但每次转过头去的时候，他的眼泪都克制不住，身后妈妈的叹息声也随之悠悠地响起。之恒的爸爸常年卧床，靠妈妈一个人的工资支撑整个家庭，妈妈非常要强，总说能自己解决的就自己解决。每每想起妈妈骑着电瓶车风里来雨里去地上下班，之恒也不由得心疼妈妈。在彼此的心疼里，之恒告诫自己这一切都是磨砺自己的财富，现实中的他，也不卑不亢地稳稳地前行，是班里都认可

第三篇章 如何在社会：让孩子建构与社会的积极关系

的全面发展的质优生。

【分析】

自尊是自我肯定和自我认许，是个体对其社会角色进行的自我评价。自尊建立在倾听自我的真实需求、尊重自我积极感受、确立自我成长目标的基础上。有了这样的基础，然后试着了解自己、发现自己、欣赏自己，处理好自我评价与他人影响的关系，处理好现实状况与自我行动的关系，才会在心中生出一个信念：也许生活不完美，但我有目标可循，生活是自由且幸福的。

【支招】

让欣赏融入视角：差距总是有的，但依然可以用欣赏的眼光看待差距，用资源取向的方式来面对，如何分析与应对差距？这应对背后又是怎样的信念？信念中可以看到自己怎样的优势？资源取向的视角，可以让我们发现差距的积极功能，进而将差距变为可以巩固和拓展的资源。

让信念融入行动：当差距与不如意来临之时，要考虑的是什么事情才有建设性意义，应该试着去做一些不同的、超前的、科学的、有价值的行动。面对差距，可以多制订几个应对方式，然后作出评估，选择有建设性意义的方案实施。

懂得自有力量

72. 如何安放好我们的自卑心

【案例】

每次寝室里的同学谈起一些自己的成长经历的时候,应颖便常常会海阔天空地大聊自己去过埃及、南非的经历,有时候她还会夸大一些事实,甚至夸大得让大家觉得她自己都圆不回来了,寝室里的另外的三个女生总是觉得应颖好虚荣呀。圣诞夜的晚上,应颖竟然带了一瓶红酒,要大家在寝室里喝,这可把其他几个女同学吓坏了,说这不可以的。应颖说没关系,她在家天天晚上都喝点红酒的,然后她自斟自饮,却没想到三杯下肚就醉了,吐了。室友们只好帮她收拾残局,正想抱怨,听见躺在床上的应颖带着哭腔与醉意说:"不就是吃低保嘛,还花钱买红酒死撑!人活着太累了!"另外三位女生听了应颖酒后的真言,觉得应颖也是好不容易呀,只是她的努力用错了方向。

【分析】

有自卑感的人往往会非理性地轻视自己,表现为对自己缺乏一种正确的认识,低估自己,在交往中缺乏自信,没有勇气和信心面对挑战。一个人能被自卑感弄得心灰意冷、万念俱灭、百事皆休。心理学家阿德勒称其为自卑情结,个体认为自己的能力或环境和天赋不如别人的自卑观念,他在《自卑与超越》一书中提到,自卑并不可怕,关键在于怎样认识自己的自卑,克服困难,超越自我。

【支招】

> **让理性给出开阔:** 自卑感其实每个人都会有,因为每个人都有自己的弱点和不足,要理性看待自卑,明白自卑不存在好与坏之分。对于乐观积极的人来说,自卑反而能够让其认识自身的短板,从而激发潜力、挖掘潜能、完善自身。若是内心不再布满自卑的藩篱,前行自然一片开阔。
>
> **让前行给出希望:** 接纳自己的自卑只是走出自卑的第一步,当我们意识到某一部分的差距,且这一个差距单靠我们自己的力量还无法改变的时候,不妨试着通过发挥自己其他优势,来扬长避短,获得掌控力与优越感。

不卑不亢、不徐不疾的"中产"心理背后是生活掌控力和生命的品质,我们可以静下心来,拥有这样的开阔度。

二十五、不想说有缘由

有些家长是不是会遇到这样的情景：当满心欢喜拉起孩子的小手时，孩子却悄悄地抽回自己的手，独自走开；当孩子到了一个新环境，需要自我介绍的时候，他却显得有些不知所措；当其他孩子在一起欢快蹦跳，自己的孩子却只是独自呆在一旁想着自己的心事，沉浸在自己的世界里，似乎多数时候孩子只喜欢做一个看客。也许您会说孩子太内向，在这样一个都推崇外向开朗的社会里，会错失很多机会，甚至会担心孩子的内向性格会带给孩子不良的成长。其实，性格内向从本质来说只是一种个性特征，它与害羞和孤僻还是不同的，更与疾病无关，它未必需要改变，也未必能够在短时间里改变，我们却可以改善和利用它。

 **73. 我在想，所以不想说……**

【案例】

王老师的班里有一个小男孩小希，白白净净的，与其他男生不

| 第三篇章　如何在社会：让孩子建构与社会的积极关系

同，当别的男孩课间扭作一团快乐嬉戏的时候，小希却并不热衷于这一些，下课也不喜欢走动，只是站在阳台上看看云天，或是躲在角落看看书。最令王老师觉得小希有问题的是尽管他的成绩很好，但是他上课从不举手，有时候老师让他回答，他都会支支吾吾个半天。王老师觉得小希有与他小学四年级的年龄不太相称的"老成"表现，而且与人交往上也是出了"状况"的。于是让心理老师和小希谈谈心，谈话的前半段，小希都是被动回答，当老师问及为何上课不太爱举手，哪怕知道也不举手时，小希表示他在想呀！只是他希望自己想得清楚一些再回答，结果还没等他全面想好大家就纷纷举手了。心理老师又追问在阳台上看看云天时心里会想什么呢？小希表示很多时候他都会想得很多，他会想云从哪里来，又会去哪里，云有没有兄弟姐妹？云开心吗？孤单吗？……老师又追问，想这一些的时候，心情如何，小希表示心情很好，他常常沉浸在自己快乐的想象里。看到小希非常连贯的表述，心理老师心里一块石头落了地。他又问小希为什么现在可以说这么多？小希表示这是因为老师给了他足够的时间说……

【分析】

　　性格内向的孩子对于出现的境况，往往会不受外界的压力的影响，他们依旧会习惯性地独立且缓慢地作出反应，这一种缓慢并不是现状难度造成，而是内向性格的孩子往往思考得更加全面一些，更加深入一些，这样搜索整理的信息量就大，也许给别人的感觉就

懂得自有力量

是"慢半拍",其实则不然。他们喜欢全面考虑问题后表述,这样他们会觉得比较踏实,当然有时候即便考虑成熟,他们可能还是并不太喜欢在公共场合表达自己的想法。

【支招】

> **允许思考时间**:性格内向的孩子往往需要在没什么压力的情况下,花费一些时间思考问题,这可能会被旁人解读为"慢吞吞",此时千万不可急躁地对他说:"你在那里懒洋洋地干什么?"这样会带给性格内向的孩子压力,反而会使他们的思考变得阻塞,产生窘迫与不安。此时比较好的表述应该是:"我会给你一些时间;相信你努力思考之后,会有很棒的答案。"或是:"看起来你还在思考,但你可以试着先把你想好的说出来吗?"
>
> **善于把握节奏**:允许有时间思考,并不代表无限妥协,重要的是要引导内向性格孩子把握好节奏,也就是调试合适的步调。要引导孩子将事情分出个轻重缓急,然后调节相应节奏,比如重要的事情用心做,不重要的事情简单做,马上要完成的事情抓紧做,可以缓一缓的事情延后做,在做事的过程中训练孩子的节奏感,再适当加快节奏,使孩子在点滴进步中成长。

第三篇章　如何在社会：让孩子建构与社会的积极关系

 **74. 我担心，所以不想说……**

【案例】

小雅是一个小学三年级的女生，从一年级到三年级，大家对她的评价就是内向，不爱说话，成绩平平，在班里也没有什么朋友。到了三年级了，眼看课业压力变得更大，小雅变得越发内向，不爱表达了，小雅的父母忧心忡忡，他们都比较好强，在自己的工作领域也是小有成就，没想到孩子却如此"拿不出手"，同时他们也担心这样发展下去孩子会越来越没自信，于是他们带着小雅找到了心理老师。心理老师通过好半天的"热身"，才和小雅建立了较为融洽的关系，心理老师问小雅为何不喜欢说话和回答问题，小雅的答案是："怕说错，怕别人说她不聪明，怕老师不喜欢她，怕爸爸妈妈不喜欢她……"没有想到一个简单的问题，引出了小雅如此多的"怕"，而且这一系列的担心孩子却能如此流畅地表达，可见这一份"担心"已深深地盘踞在她小小的心里，挥散不去，影响她的言行。

【分析】

一些内向性格的孩子对于他人的反馈特别敏感，特别是对于他人的生气与反对十分在意，如果当众纠正这些内向性格的孩子的错误，对于他们来说会是一件十分难堪且痛苦的事情，而他们往往又不喜欢将他们的这一份沮丧、难过、痛苦表达出来，就会更加压抑

懂得自有力量

自己，变得更加沉默，更加羞于表达。

【支招】

> **友善的表达**：很多内向性格的孩子比较敏感，需要周遭的人给他们一个支持的氛围，可以是友善的微笑，因为微笑是一种无条件接纳，可以拉近人与人之间的距离；也可以是温和的目光注视，因为它是一种积极关注，这种关注让孩子感觉到价值感；还可以是轻柔的肢体语言，如竖个大拇指、轻抚额头、轻拍肩膀等，都可以让孩子感受到鼓励与肯定。相信这一系列友善的表达都会给内向的孩子以鼓励，让他们勇敢跨出成长的一步步。
>
> **积极的反馈**：人们往往需要将别人作为"镜子"，以便通过他人的反馈与评价来更好地反思自己，孩子更是如此，通过他人的反馈，可以帮助他们对于自己的行为有更为理性的理解。内向性格的孩子往往因为太在意他人的评价，所以常常表现得顾虑重重，羞于表达，故此对于这样的孩子，积极正向的反馈尤为重要，要尽可能去发现他们言行中积极的一面，给予积极反馈，有了这样的情感基础，之后再提出一些小的建议，孩子们便会放下思想包袱，坦然接受。

第三篇章　如何在社会：让孩子建构与社会的积极关系

 **75. 我知道，但是不想说……**

【案例】

熙熙来自书香门第，从小就喜欢阅读，知识面广，老师希望她能够在班里有所担当，可是熙熙似乎从来不愿意成为老师的"左膀右臂"，更不喜欢抛头露面。最近在老师的一次公开课上，课堂上因为多次冷场而评价不高，老师找来熙熙家长，表示她多么想熙熙能够挑挑大梁，在关键时候能够站起来勇敢表述，老师甚至还表示，自己是非常想让熙熙担任班长一职的，可是熙熙确实不太配合。熙熙妈妈则表示孩子肯定不是故意不配合，其中一定是有原因的，她还说孩子在家也是不太喜欢说话。她们叫来熙熙问了个究竟，熙熙表示，她确实知道答案，但是她认为知道就可以，为什么一定要站起来说出来呢？她还说思考比回答更重要，而她更加喜欢思考。

【分析】

内向性格的孩子对于安静有偏好，他们在学习的时候，更喜欢安静地观察、倾听、思考和吸收，正因为如此，也常常容易被他人误解，认为他们不够合作、不够配合、不具有协作精神等。其实外向性格的人往往会更多地关注事情的广度，他们会广泛涉猎，广交朋友；而性格内向的人则更喜欢关注事件的深度，他们喜欢沉浸在事件中深入探究，外界很难把他们从这样的状态中抽离出来。

【支招】

> **融入团队**：实战操练是一种很好的途径，创设环境也同样重要，可以鼓励和引导内向性格的孩子加入某一团队，并为其安排一两个"伙伴"；积极发挥他的优势与特长，在团队中为他安排体现其优势的任务。这样，孩子便有可能通过承担任务得到团队成员积极的反馈，从而发现自己在群体中的价值，找到快乐，从被参与转变为主动参与。
>
> **欣赏差异**：以上说了很多对于内向性格的改善策略，但是不得不说的是，内向性格并不是有问题，不同的人会有不同的表达方式，作为家长，更要学会欣赏差异。我们所处世界里会呈现出各种形形色色的人，彼此之间的性格都不同，并不意味着有谁出了问题。如果整个世界都是一成不变，那么必然会令人觉得索然无味。与其强求孩子改变，不如接纳差异、认可差异、包容差异、欣赏差异，在积极肯定的状态里成长起来的孩子，不论内向还是外内，都能获得各自的成功。

性格不同，风格不同，没有好坏之分，不用刻意转变，只要将个性中的优势发挥好便是好！

二十六、助人的意义

常会听说这样一句话:"帮助别人就是帮助自己。"但是,有多少人是发自肺腑地认可这样的说法?是不是会觉得总是帮助别人会有点"吃亏"?社会生活中有很多美好的东西,人与人之间相互吸引喜欢,相互帮助关心也是一种美好。事实上,我们在付出的时候,内心往往都是充实而美好的。让我们一起来探讨"助人为乐"这个话题。

76. 接受异己才能悦纳自己

【案例】

艾米的同桌志强是从别的学校刚转来的新同学。当天,艾米就发现志强有一个坏习惯,就是志强喜欢做怪动作,间隔一段时间就会眨眼、挤眉,嗓子里还会发出短促的怪声音。艾米一开始尽量克制,但是志强的怪动作丝毫没有改变,最后一节课,大家都好好地在教室写作业,很安静,志强却不断发出怪声音,还伴有怪动作。

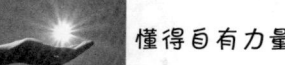
懂得自有力量

整整一天下来,艾米实在忍无可忍了,她站起来大声喊道:"老师!志强老是做怪动作,发出怪声音,我不要和他做同桌!"老师循声而来,看到志强脸涨得通红,拼命地眨眼、抽动,眼圈红红的,快要哭出来了。看到志强这个样子艾米不知道为什么突然很难受,她一直以为志强是恶作剧,现在才意识到,志强的怪动作是不受控的。老师把艾米喊到教室外面,告诉她志强有抽动症,他自己并不能控制抽动的发作,如果他情绪紧张,还会使症状加剧。不知为何,艾米心中升起一种说不清的难受感,她对老师说:"老师,我不换座位,也不会再去刺激志强了。"说完这一些话,艾米也似乎觉得自己正要去做一件伟大的事情。

【分析】

个体完善的过程中的自我认同是在良性的社会互动中形成与发展出来的,自我认同不是个体本位的,而是在动态性的情境场域互动中形成的。自我认同不可能是个体的独立的行为,它是在个体间积极互动的基础上实现的,在他人互动的过程中,个体才可以去发现自己对于他人的意义与价值,并且得到自我成长。

【支招】

尽可能接纳不同异己:既然个体的成长是在社会互动的基础上实现的,那么,家长就要鼓励孩子拥有一颗仁爱的心,去看到

> 身边周围一些不同的个体的长处与难处，接受一个个不同的他人，并且做出相应的应对。
>
> **尽可能理解不同异己**：要鼓励孩子去觉察他人的不同，更要引导他去肯定他人的长处，使孩子能够体恤他人的不易，尽可能地支持与理解他人，进而适时地合作与帮助。这样便能在良性的互动中实现自我价值。

77. 帮助别人快乐自己

【案例】

陆乐是班里的脑瘫儿童，症状比较严重，家长实在没有能力送他去离家很远的特殊学校，但是陆乐小朋友又特别渴望学习，经过几方商定，姑且将他安置在家门口的公办学校里。陆乐的班主任老师特别负责，除了口头教育孩子们要好好照顾陆乐，还落实到行动，分成若干爱心小组，轮流照顾陆乐，还包括吃饭、喝水、如厕等生活上的相关事宜，尽管很累，甚至很脏，但是小组成员都是乐呵呵的，就这样他们一干就是四年。四年级的暑假，陆乐没有挨过那个酷暑，永远离开了同学们。五年级一开学，同学们除了悲伤以外，内心突然感觉空落落的，觉得以前围着陆乐转的日子还是过得非常充实且快乐的。

懂得自有力量

【分析】

　　心理学家马丁·塞利格曼的积极心理学认为幸福的元素包括很多，其中包含积极情绪、投入和意义。幸福元素中的意义就是指，为比为自己更有意义的事情活着，简而言之这个意义就是在于发现自己对于周围他人的价值，当人们拥有了这样的超越自我的价值感，幸福感就会油然而生。

【支招】

　　积极情绪开拓视野： 当一个人拥有积极情绪时，视野会更加开阔，更加乐意去探寻外在的世界，同时会更关注他人的期待与需求，心理学家认为，当我们开心的时候更加愿意帮助别人，而帮助别人又会使人更加快乐。

　　助人为乐把握边界： 值得提醒的是，要告诉孩子们帮助别人不是简单地自我牺牲。快乐不是仅仅关注自己，但也不是毫无保留奉献他人，一定要把握好边界，根据自己的能力，权衡好助人的杠杆。

 **78. 拥有人际理解力才会更受人欢迎**

【案例】

　　新学期的第一次班会，班长竞选又开始了，九年级（2）班的竞

第三篇章 如何在社会：让孩子建构与社会的积极关系

选结果毫无悬念，梅子洛以几乎满票继续当选班长。看到梅子洛如此受欢迎，任课老师也是有些纳闷，这个梅子洛，成绩一般、颜值一般、家境一般，为何这么受大家认可，老师们好奇时，也会问问班里的同学，结果大家对于梅子洛的评价中，出现最多的关键词就是：善解人意。大家一致表示和她在一起很舒服，往细里说就是，梅子洛有一种觉察力，能发现同学的难题；同时她也有一种理解力，能体谅同学的困扰；然后有一种行动力，能运用合适的方式方法去协助同学解决问题。

【分析】

帮助他人是一种比较直观的助人形式，随着学生年龄增长，他们也应认识到助人不仅在于外在的形式，可能内在的关注理解也是帮助。人际理解力指理解他人的思想、感情与行为的能力，通过他人的语言、语态、动作等理解并分享他人的观点，抓住他人未表达的疑惑与情感，把握他人的需求，并采取恰如其分的语言帮助自己与他人表达情感。身边如果有一个拥有人际理解力的人，对于其他个体就是一种无形的帮助，这样的场域是安全且温暖的。

【支招】

拥有觉察力发现美好：家长应该在平时的日常生活中就注重培养孩子的一颗细腻的心，教会他们感知周遭的美好。要培养孩子有欣赏美的能力，一片落叶、一朵春花、一个微笑、一声问候都是美好的呈现形式，当一个孩子能够感受到自然的美，人文的美，他的状态会更好，人也会更加积极快乐。

拥有理解力共感问题： 我们在人际相处的时候产生的抱怨往往源于对于他人的不理解，家长应该培养孩子换位思考的能力，能够感同身受地去体谅他人的难题，当一个孩子拥有了共情他人的能力，他的内心自然也会变得开阔起来，不再有那么多的自怨自艾。

助人，对于受助者和助人者都是尊重与完善，助人让生命变得更加完善与温暖；让城市拥有更多包容与温度；让社会变得更加和谐有温情。

二十七、主动建立友谊

哈佛大学的罗伯特·瓦尔丁格教授是一项长达77年的研究项目的第四任领导者,他与他团队的研究告诉人们:构成美好生活的最重要因素并非富有和成功,而是良好的心身健康及温暖、和谐、亲密的人际关系。现实生活中,我们的孩子人际交往关系越来越简单,人际交往体验越来越少,人际交往方式越来越被动。何不鼓励孩子尝试主动,感受友情的美好。

 **79. 创造尝试的机会**

【案例】

轩轩在读小学四年级,这一天轩轩奶奶特地跑到班主任老师处"告状",原因是班级的孩子都不友善,孤立轩轩,孩子觉得没有朋友很难过。班主任老师告诉轩轩奶奶,情况没有奶奶说的那么严重,但是轩轩作为一个男生,在班里确实几乎没有可称之为"兄弟"的伙伴,轩轩和人交往不够主动。班主任希望奶奶不要急着归咎于外

懂得自有力量

在原因，可以来一起找找孩子自身内在的原因。奶奶表示，轩轩的父母工作忙，孩子从小跟她长大，对她来说，确保轩轩的安全是首要任务，所以她天天全封闭式接送孩子，也从不鼓励孩子与大家共同活动，甚至不主张孩子参加实践活动，最好轩轩一直在她视线范围内。没想到安全确保了，轩轩竟然一点也不快乐。老师告诉奶奶，孩子在成长的过程中是要与他人互动的，孩子要在人际互动中逐步了解社会、了解自己、掌握能力，更好地成长，这叫社会化，把孩子圈养在自己的臂弯里，会影响孩子社会化，不符合孩子心理成长规律，轩轩自然不开心了。奶奶似乎明白了，感慨道："轩轩的爸爸小时候没人管他，在弄堂里天天与隔壁邻居的孩子们摸爬滚打的，也成长的挺好，原来那叫人际互动呀！"

【分析】

轩轩是小学四年级的学生，这个年龄的孩子扮演的"角色"渐渐多了，人际关系也变得复杂起来，他们开始意识到自己在家庭、学校和社会等不同的场合要以不同的身份角色出现，正是通过这样的角色培养和认定，使孩子的自我心理客观化，自我行为与社会规范渐趋一致。然而，现实生活中像轩轩奶奶的长辈可不少，两点一线全封闭式的教养方式，会导致孩子交往过于简单，经历过于单纯，失去与他人互动的机会，没有尝试的机会，自然不会生成应对方法，也就不能拥有良好的人际互动。

第三篇章 如何在社会：让孩子建构与社会的积极关系

【支招】

> **家长良好的社会化思维：**儿童的社会化需要有意识地培养，问题的核心在于家长自身有没有良好的社会化思维，影响到对孩子的引导。建议家长在日常生活中，注意不断增强自身的社会化意识，善于发掘契机，提供尝试机会，从培养"社会人"角度思考家庭的教养方式。
>
> **梳理环境，创设交往平台：**孩子出现这样或者那样的问题，往往是综合因素作用的结果，论其原因也较为复杂，多多少少总与家庭成长环境中的一些因素有关，因此要做一个"善于反思"的家长。注重培养孩子的交往能力，鼓励孩子主动交往，积极创设交往平台，可以采用让孩子与小伙伴一同过周末、和班里同学一同去郊游等方式，让孩子在人际互动中获得成长。

80. 即使被拒绝又何妨

【案例】

　　英杰的父母乐于结交朋友，一直告诉英杰要主动与同学交往，也教他一些主动交往的方法与经验。这一天英杰回到家十分不开心，原来下午的体锻课上，同学齐林和几位男生进行踢足球比赛，英杰特想参加，主动表示想一起玩，可是齐林就不带他玩！用英杰的话说，他都主动提出来了，齐林还拒绝他！真是颜面扫地，还好同学

懂得自有力量

王启邀他到一旁下棋,才缓解了尴尬,他决定以后的日子里不再理齐林了。妈妈听了笑了,问他们玩的时候踢足球时的人员齐了吗?已经开始进行了吗?再看看英杰自己这个"微胖界人士"真的适合踢足球吗?还有齐林除了拒绝还说了什么?这倒是提醒英杰,他回忆道:"当时他们'五人制'人员确实齐了,说是下课的时候就早已约好了的,再说踢球之前要热身,不能冒失加入,齐林似乎也说过,下次早点说之类的话。"妈妈告诉英杰,主动交往很好,但被拒绝也是常有的事。妈妈甚至还觉得这一次齐林拒绝得有理,再说了被拒绝又怎样?英杰听了后,若有所思……

【分析】

与人交往是一个互动的过程,其中很重要的是在交往里面,要懂得自我接纳和接纳他人,好的交往就是要处理好自我接纳与接纳他人的关系。自我接纳的个体会在交往中比较自信,表现较为积极主动,接纳他人是有些难度的,特别是要接纳别人的立场与思考就更不容易。如果能够试着接纳他人的立场与思考,对于"被拒绝"一事就会看开很多,会看到有一些"拒绝"根本没有恶意,或者一些"拒绝"是出于善意,基于这样的思考,可以让孩子感受到"被拒绝"并不可怕,从而在交往中能够换位思考、适当调整,"屡败屡战",最终收获友谊的成果。

第三篇章　如何在社会：让孩子建构与社会的积极关系

【支招】

拒绝可能因为不合适：拒绝有很多种原因，父母应该引导孩子认识到，每一个个体都是以一份独特与不同存在于这个世界，每个人都拥有自己的色彩，但不是所有的色彩碰在一起，都会交汇出更为厚重且美好的色彩。故此，交往中不用"钻牛角尖"，也不要怕"被拒绝"，在碰壁与调整之后，找到适合自己的伙伴与朋友才是重要。

拒绝背后也可能是真诚：被"拒绝"时，一定要学会分析当时的具体情况，就像案例中的英杰那样，微胖的他也许真的不适合没有热身的剧烈运动，同学只是考虑到他的自身情况，拒绝了他。现实校园生活中也有这样的情形，如家境贫寒的同学买一套昂贵的书籍送同学被拒绝；复习迎考期间约同学去唱K被拒绝。当主动行为表现不合时宜的时候，拒绝的背后也许更是因为一份真诚。

81. 主动交往不留遗憾

【案例】

薏冰高中三年一直在忙碌，忙着学习、忙着考级、忙着穿梭在各类补习班，匆忙间也似乎交了一些不是特别交心的朋友。除了忙碌，薏冰还是一个特别被动的孩子，别人不主动邀请，她是不会主

懂得自有力量

动邀请他人的。高考结束，薏冰得知一位关系较好的同学逸昕考试失利，被调剂进了一所普通大学的不太好的专业，薏冰自己则进了外省市的一所重点大学，并且还是一个心仪已久的专业。暑期，薏冰忙着外出旅游与准备行囊，没有主动联系逸昕，当然她也是觉得自己不知道如何安慰逸昕，一天天拖着拖着就开学了。进大学之后的第一个中秋节，薏冰一个人身处异地，不由得感觉到孤单，这时她惊喜地收到逸昕从上海快递来的杏花楼的月饼，面对逸昕的这一份沉甸甸的心意，她深刻感受到友谊的温暖，泪水夺眶而出，她后悔在假期里明知道逸昕的情况却没有主动发个信息询问，没有主动邀请逸昕聊聊天谈谈心，更没有主动送份小礼物安慰逸昕。

【分析】

有时候不主动交往，是因为自己的"惰性"，等等再说吧，过一段时间再说吧；有时候不主动交往，是因为"怯性"，老是担心自己被拒绝，最好不要主动出击；有时候不主动交往，是因为"利性"，渴望认识好朋友，却吝于"先给予、先付出、先主动"伸出友谊之手。因此错过了一份份美好的情谊，错过了一个个真挚的朋友，日后回忆，在成长的路上不免留有遗憾与愧疚。

【支招】

交往从主动开始：主动交往的成功不是一步就能达成的，难免有时候会出丑犯错，关键是要从中吸取教训，避免下次再犯。

> 主动交往的能力也不是一朝一夕练就的,见面时微笑着主动打个招呼,谈天时主动想出个话题聊聊,交往就是这样在一点点主动累积的过程中形成的,哪怕再微小也是进步!
>
> **交往贵在交心:**有一个故事很能说明问题,一扇铁门被铁锁紧紧地锁住,铁锤说:"一下就能砸开。"但是却没有成功。钥匙一来就把门打开了,并留下一句话:"我知其心也。"主动交往贵在交心,伙伴遇困难的时候,要主动伸出援手;伙伴难过的时候,要试着说安慰的话,实在连安慰的话也说不来,默默陪伴也是一种支持;伙伴成功时,更是不要吝啬自己的祝贺,要与伙伴共同分享喜悦。真诚地打开的心窗,友谊的阳光就会照进来。

马克·吐温说:"生命如此短暂,我们没有时间争吵、道歉、伤心。我们只有时间去爱。"

二十八、二宝时代

2016年国家开始全面实行二孩政策，距1979年国家实行计划生育政策已有三十多年了，在这三十多年里，当孩子出现这样那样的问题时，大家往往会归咎于孩子是独生子女的缘故，是"小太阳"，所以比较"自我中心"。可是现在二宝来了，难道所有的所谓的独生子女的问题都将迎刃而解了吗？大家发现二宝来了，又派生出很多新的问题。所以无论独生子女家庭还是二宝家庭，问题其实与孩子的数量无关，家长需要静下心来迎接问题，探究原委，有效改进，做父母是一场心胸与智慧的远行。

 **82. 有了二宝，大宝不乖了！**

【案例】

筱筱一直以来是一个乖宝宝，平时讲话细声细气，懂事体贴，在上幼儿园大班的时候，就知道学习之余替奶奶分担一些力所能及的家务。父母和祖辈看到筱筱这么乖都很欣慰，觉得像筱筱这样乖的孩子,再生几个都没有问题。趁着政策放开之际,他们家又添了一个小弟弟,因为妈妈是高龄产妇,小弟弟又是早产,所以头一两个月,全家人都围着小弟弟转,这时筱筱依旧很乖,尽可能不给大人们添乱,乖乖地吃饭、乖乖地睡觉。2个月之后,弟弟和妈妈的情况稍稳定些了,可是大人们似乎已经习惯性地聚焦于弟弟了。这时,大家发现筱筱变了,她常常会大叫发脾气,晚上不肯独自睡觉,这可是以前从来没有过的情况呀!爸爸妈妈有时候看不下去,说筱筱不懂得体谅大人,她就号啕大哭,而且哭起来就会没完没了。爸爸妈妈开始意识到,可能自己的言行有些失当了,让筱筱产生困扰了。

【分析】

筱筱是五六岁的孩童,在这一时期的儿童如果表现出的行为受到身边重要他人的肯定与鼓励,就会形成一种主动性,这会为他将来成为一个有责任感、亲和力、有创造力的人奠定基础。如果这一阶段的儿童有常常被忽视的感觉,就会缺乏主动性,逐渐失去自信心。案例中的筱筱是一个特别懂事的孩子,当弟弟来到她的世界里,对于家人的忽略,乖巧的她先是压抑住内心的失落,依旧做一个乖孩子,但她渴望得到关注的需求依旧在。乖巧的她试图用更乖巧的办法来引起关注,长辈却还是忽视,她便开始"反常"地以不合时宜的方式来表达对于父母关注的渴望。

懂得自有力量

【支招】

> **体谅是彼此的**：有了二宝以后，父母可能会对大宝说："你是哥哥（姐姐），比弟弟（妹妹）大，你应该懂事，你应该谦让，你应该要体谅父母。"却往往忽略了大宝们本身也都还是孩子，家庭的关注中心突然倾斜了，他们会有失落感，需要有一个适应的过程。他们可以体谅父母，但不是无原则妥协。作为父母若是站在大宝的立场替他们感受一下，就会知道体谅也是彼此的。
>
> **关心是不变的**：有了二宝，父母可能常常要围着二宝转，但此时更要告诉大宝，爸爸妈妈对于他的爱与关心是没有变化的，只是弟弟妹妹还小，父母又分身乏术，所以只能在时间上多分一些给弟弟妹妹，爸爸妈妈不会忘了他，心里的爱还是和以前一样。特别是大宝的生活规律与作息一般是不变的，因此该讲的睡前故事还要讲，该有的学习、培训、外出旅行还是要照旧。

83. 二宝是一场家庭考试

【案例】

艾伦从小被家人宠上天，要什么给买什么。自从家里多了个小弟弟，生活就发生了180°大转变，什么都是弟弟的，好吃的好玩的，只要弟弟要，那就得是弟弟的，家人挂在嘴边的一句就是："弟弟小，让着他！"这一天艾伦找出了爸爸送他的生日礼物，是一辆遥

第三篇章　如何在社会：让孩子建构与社会的积极关系

控车，他可喜欢这辆遥控车了，一直不舍得玩。但最近，他的玩具被弟弟抢得差不多了，他只好拿出这辆遥控车来玩。没想到，3岁不到的弟弟看见了指着遥控车说："要车车，要车车。"奶奶看见了，就对艾伦说："弟弟小，给弟弟吧！"艾伦不肯听，奶奶就喊来爸爸，爸爸也说："给弟弟吧！"艾伦还是不肯，爸爸生气了，说："太不懂事了，弟弟还小，要让着弟弟。"这时候艾伦哭了，他一边哭一边说："弟弟小弟弟小，我也还小呀，你们为什么都要这样对我。"

【分析】

《论语·季氏》中有这样写道："不患寡而患不均。"就是不担心分得少，而是担心分配的不均匀。许多时候人们争的不是物质的多少，而是享有公平的权利。更何况是对于每一个孩子来说十分重要的父母的爱呢？父母对孩子的爱失去平衡，会对孩子们的心理健康造成不良影响，使得孩子在青少年期乃至成年期出现行为问题，这甚至会影响到他们对于自己子女的教育。值得注意的是，无论是受到偏爱的孩子，还是被冷落的孩子，还是旁观的孩子，只要觉察到家长的偏心，内心都会受到伤害。

【支招】

兼顾与公平： 父母偏心不仅影响孩子一时，对于孩子的个性的形成也会产生影响。如果说因为父母的不公平，让孩子产生了

懂得自有力量

> 心结,那就不是说解开就能解开的。作为多子女家庭的父母,要给孩子们的心灵深处种下一颗种子,爱是公平!
>
> **共性与个性:** 家里多了一位成员,绝对是对父母的一种考验。对于共性而言,要把握好所有孩子的教育引导。更要意识到,每一个孩子都不一样,家长可以根据大宝和二宝的不同成长时期、不同的性格脾气、不同的成长境遇,予以不同的养育方式,体现个体性。

 **84. 二宝是礼物**

【案例】

艾薇妈妈自从生了二宝之后,常常感觉到艾薇有一些不开心,妈妈便会一手抱着弟弟,一手搂着艾薇说:"看弟弟多像你,这眼睛、这鼻子,等弟弟长大了一定会像小跟班一样跟着你这个姐姐噢!别看看妈妈现在心思都在弟弟身上,但是在你出生的那一阶段,妈妈可是付出了更多的爱,因为艾薇是大宝呀!是我们家庭中来的第一个宝贝,我们全家那时候特别的高兴,特别特别的疼爱你。弟弟的到来是给我们的又一份礼物,我们又可以得到多一份的爱,等你长大了,等爸爸妈妈老了,你还有一个和你年龄相当的弟弟可以相互照顾,多好呀!"尽管艾薇还小,对于妈妈的正面引导,她似懂非懂,但从心理上,她渐渐接纳了这个弟弟。有时候爸爸妈妈故意创造机会让她和弟弟单独在一起，弟弟哭了，她也会去搂搂弟弟，当弟弟咯咯地笑了的时候，艾薇觉得特别有亲切感和成就感。

【分析】

有了二宝并不一定会给大宝的带来伤害，两个孩子相互陪伴、分享，是一种非常好的自然而然的人际互动，也是孩子们更好地社会化的途径，关键要看家长是否能给孩子正确的引导。人们常常误解，把幸福看成只有是索取与接受，其实幸福的体现形式有很多，比如付出和关怀也是幸福的一种。一个人的价值感、适应力、人际互动能力往往不是自发形成的，常常要在人际互动中慢慢形成，以前的独生子女家庭，孩子在家庭中的交往方式往往是垂直关系，自从她有了弟弟妹妹，这一种交往关系就会是一种水平关系的交往，这是有助于个体良好心理品质的形成的。

【支招】

> **爱会越分越多**：老二出生以后，爸妈更应该经常与老大保持交流。要让老大明白，弟弟妹妹不是来分割爸爸妈妈的爱的，他们的到来，能让我们懂得将更多的爱分给家人，同时也会收获更多的爱。
>
> **方法越想越多**：二宝来了，自然会派生出很多问题，爸爸妈妈们要多花一些心思，想出如何融洽大宝和二宝的关系的办法，

懂得自有力量

比如弟弟妹妹不会走路讲话时，父母要让哥哥姐姐们看到弟妹们的弱小，鼓励他们去帮助弟弟妹妹；等弟弟妹妹长大些，也要引导弟弟妹妹们尊重哥哥姐姐，要以哥哥姐姐为榜样。

二宝时代到来，亲爱的妈妈爸爸做好准备了吗？

二十九、咫尺"冷暴力"

常常看到一些学生突然说不想去上学了,问其原因可能一时也说不上来,就是觉得上学没意思或者害怕去学校。接着来说说暴力,说到暴力,人们自然会想到攻击性、肢体冲突等,殊不知轻视、放任、疏远和诋毁也可称之为暴力,具体来说是"冷暴力","冷暴力"也是一种伤害,它可能更多的是致使他人精神上和心理上受到侵犯和伤害,对于成长阶段的学生来说,若长期遭受"冷暴力",就可能会出现心理问题。

85. 言语暴力不要认为只是说说而已

【案例】

这天早晨三年级的严然突然对妈妈说不想去上学了,妈妈觉得有点心酸,本来那么喜欢上学,那么喜欢班级的严然竟然不想去上学了。妈妈抱着严然说:"都会过去的。"才三年级的严然稚气地回答:"没有关系,我可以去小区扫地。"妈妈听了眼泪再也忍不住了。

懂得自有力量

严然好动,但是家教还可以,所以他的好动虽人见人烦,但也没有造成啥特别不良后果。一个月前,课间活动,好动的严然终于制造了一个"恶性"事件,他给大家在阳台上示范跆拳道的时候,踢到了同桌的脸,脸蹭破了。班级里掀起了轩然大波,严然父母自然是赔礼又道歉,可是对方父母本来对好动的严然就有宿怨,于是就天天往学校里跑,校长被折腾得不行,班主任更是心力交瘁,最后怨气就落到了严然身上。"你本来就是个霸王!""你家里爸爸妈妈不教育吗?""你是我儿子我早就一个巴掌上去了!""你为什么要来我们班害人呀!""野蛮的孩子将来只能去扫马路!"这一个月来严然常常被这样的声音裹挟着,关键是说者无意,听者有心,三年级的同学们都开始依样画葫芦,看见严然就会学着老师这样说。当严然家长告知老师严然不想上学的事之后,老师还很委屈,觉得严然惹了那么大的祸,自己只是说说而已。

【分析】

语言是人类特有的符号系统,是人类最重要的交际工具,语言对人的影响是巨大的。心理学家库利说:"对每个人来说,他人都是一面镜子,个人通过社会交往了解到别人对自己的看法,从而形成自己的自我。"如果一个孩子在他的成长阶段,一直对他有负面的评价,或者说让他处于"语言暴力"中,那么,他就会产生负面的自我定义,这可能会导致他产生受挫感和自卑感,对于诸事缺乏胜任感,还可能会导致孩子的行为更加趋向负面性或者产生攻击性。

第三篇章 如何在社会：让孩子建构与社会的积极关系

【支招】

> **引导内省反思言行**：引导内省对于一个小学生来说有点难，但是从小应该培养学生一些因因而果的因果思维，对于他人的评价，不要一味地觉得自己是"受害者"，这样一种盲目的"受害者"心理，并不利于问题的解决。找找他人如此评价的原因，发现自己真实存在的问题，如何找到问题的解决对策才是有意义的事情。
>
> **主动沟通表达心迹**：告诉孩子，当我们遭受"言语暴力"的时候，要主动沟通，学会倾诉。当然，也要视情况而定，保险起见可以找安全的人倾诉，可以告诉信任的老师同学和家长，向他们诉说自己内心的感受："我很伤心！我很难过！"有可能的话，也可以直接告诉"言语暴力"方，告诉对方自己的感受并且希望能够得到一些对方的理解。

86. 忽视不能解决问题

【案例】

果果有一个喜欢"无理取闹"的奶奶，常常因为一支笔、一块橡皮就冲到校长室，数落同学、数落任课教师。尽管校长有时候也很理解老师，但是家长来访，总是要处理与告知当事人的。几位老师在被纠缠得没有办法的情况下，达成共识，尽可能不要和果果发

懂得自有力量

生任何冲突,不主动沟通,能回避则回避,老师和班里的其他同学也是这么说,让他们尽可能不要去招惹果果,甚至还将果果的课桌安排在第一排之前。被忽视、边缘化的果果,看到大家不理他,就常常为了引起大家的注意,在课堂上大喊大闹,丢铅笔扔本子。面对他这样的做法,老师们采取的态度是依旧无视他,还告诉班里孩子们:"我们要专注,不要去理会他,否则他奶奶就会找到你,你可要麻烦了。"

【分析】

美国心理学家赫洛克曾做过一个关于表扬与批评效果的著名实验,最后实验发现,成绩最好的是表扬组,其次是批评组,最差竟然是忽视组。这说明孩子的学习需要身边权威人物的反馈,从反馈的效果来看,表扬的效果比批评的效果要好,批评的效果比忽视的效果要好。忽视孩子不仅仅会影响孩子的学习动力,更会让孩子感觉到爱与关注的缺失,从而对孩子的心理产生伤害。忽视这样一种形式的"冷暴力",是没办法满足个体对于被尊重、被理解以及归属感的需求的。

【支招】

探究行为背后原因:处于忙碌工作与快节奏生活中的我们,常常忽视一个人的内在心理的需求。如果我们事事能够探寻行动表现的背后原因,思考在种种不良言行背后是不是个体某方面的

第三篇章 如何在社会：让孩子建构与社会的积极关系

> 需求没有得到满足？也许就不会再简单粗暴解决问题了，有了这样的一种同理心，就会让我们主动去沟通。案例中的果果和果果奶奶也许都是在内心是充满各种诉求的，忽略了真正的原因，采用所谓冷处理的方式，对问题解决不具有积极意义。
>
> **提供范式妥善引导：** 对于一个小孩子来说，是非观是慢慢形成的，对于成人中也有一些心理状态不是很好的家长来说，有时候他们的孩子也是很挣扎，可能学校教的是一套，家里又是另一套，长此以往孩子与人交往沟通的方式便会有一些问题。此时更需要妥善引导，可以做一些人际交往的正确范式，如怎样言行更为合适，怎样的方式别人能够接受，怎样的言行更受人欢迎等。否则周遭的人不可能一味迁就有问题的交往沟通方式，到最后受伤害的还是自己。

87．同学群也暴力

【案例】

朱莉是一位八年级的学生，成绩好又聪明且漂亮，作为班里的学习委员，工作得力，老师很认可她，平时为人和善腼腆的她也赢得了大伙的口碑。这一天晚上，她打开班里的QQ群，突然冒出一只怪物，定睛一看是班里的一位女同学金宛用她的照片"恶搞"的。开始朱莉觉得有点生气，这是公共平台，这位同学未免有点过分了，

懂得自有力量

随便拿别人的照片不说，还未经过别人同意做了恶搞的图。但是转念一想，算了，大家都是同学，抬头不见低头见的，她就没在群里表态。没想到那位金宛同学倒是得寸进尺了，天天用朱莉的照片做一张丑图，一天比一天难看，让人无法忍受，这位女生还带动班里一群女生对图进行点评，丝毫不顾及朱莉的感受，内向的朱莉只能默默忍受，后来还是朱莉的好朋友告诉了班主任，班主任老师才及时处理了此事，要求金宛同学删除所有图片，并向朱莉赔礼道歉。

【分析】

群体动力学家肖指出："群体由两个或更多相互作用和相互影响的个体所组成，群体都有一个共同的特征，那就是群体成员间有着彼此的互动，群体中的评价对于群体中的成员会产生影响，有积极影响也有消极影响。"若是群体中有不健康、不正确、不恰当的言论，会给成员带来压力，如果说群体中不恰当的言行一直针对某一个体，并且形成一定舆论，会让个体产生困扰，若没有及时处理，便会产生心理问题。

【支招】

宣泄找到适合途径：据统计，很多校园的冷暴力是因为学生长期处于一种忙碌压抑的状态，个性被遏制，但是遏制不一定会消失，它就可能会转化，或者用一种变本加厉的方式来表现来宣泄。案例中在 QQ 群里伤及他人的女生，可能用了错误的风格来宣泄，这一种宣泄随意化、情绪化，甚至带有攻击性，这很容易给当事人带来不好的影响。对于这样的个体，家长与老师要引导他们找到合适的宣泄途径，否则伤人害己。

评估状态不再沉默：对于受伤害的个体来说，不要以为默默忍受就可以了，压抑只会使人更痛苦。面对冷暴力，可以试着评估一下自己的状态，是不是较之平常有了一些变化，诸如：自己的注意力不够集中了、吃饭睡觉受影响了、每天心事重重、甚至不想上学了。当发现这样的一系列的问题时，就不应再沉默，要及时表达，及时求助，不可一直无理由地忍让。

"冷暴力"比较隐形，无论你是施暴者还是受伤者，都要懂得及时评估自己的状态，不要用错误的方式去表达，不要已经带给他人伤害了还不知道，也不要受到伤害只会默默忍受。要主动沟通、有效表达、及时求助，让我们一起和冷暴力说"NO!"

三十、分享即获得

鲍叔牙和管仲的故事对于现代的青少年来说简直是天方夜谭，现代社会中，青少年不知不觉地以"中心人物"自居，让别人也感觉到自己的感受，或者同别人述说自己的感受，却很难试着分享，分担就更加难了。

88. 她的进步我不能接受

【案例】

予菲和子颜是小学同学、初中同学、高中同学，因为这一份难得的缘分，两人成了形影不离的好朋友。可是子颜最近很困扰，因为她发现，无论是在微信的同学圈里，还是在QQ群里，或是在班里同学面前，予菲时时让自己难堪，只要子颜在群里说一句话，予菲就会立刻冷嘲热讽。这一次一位同学在QQ群里传了一张子颜与一位男生的获奖的合影，予菲马上说子颜在提裤子，要她在男生面前注意形象。子颜被她说得很莫名，因为照片根本没有任何提裤子

第三篇章 如何在社会：让孩子建构与社会的积极关系

的或者需要提裤子的样子，她也伤心了几天，觉得这么要好的朋友怎么可以说这样没有分寸的话。慢慢地，予菲与子颜越来越疏远，最后成为陌路。予菲也曾经表示她恨子颜，恨得要死！本来初中成绩平平的子颜，为什么到高中成绩连带其他表现都变得这么好，她受不了，她想到子颜就快发疯，无法静下心来，子颜的进步她不能接受。

【分析】

不能接受别人的进步，不能分享他人的成功，是予菲背后的一颗嫉妒心在作怪，这样的人往往心目中只有自己，根本不能容纳别人，如果其他人比他强，如取得了好成绩，就会使其倍感难受，想方设法为难、诋毁比他强的人。嫉妒心有时会将人引入疯狂的状态，甚至会导致伤害别人的行为。不懂得分享他人的成功的人是不会拥有快乐的，因为他时时在提防他人，可是这一切又是他无法掌控的。并且在提防、诋毁他人的时候，自己更是丧失了前进的动力，结果只会让自己的处境越来越糟。

【支招】

> **跳出怪圈打开视野：** 喜欢嫉妒别人的人会发现这样一个怪圈，往往被嫉妒的人越来越好，自己的境况却越来越糟。就好像陷在愤怒的泥潭里，越是挣扎陷得越深。此时倒不如勒住情绪的这一

匹野马，静下心来想想看看，心静下来，视野就会更加开阔，会发现更多。

反观自己发展优势：其实有妒忌心理的人，往往是因为不够自信，当嫉妒的负面情绪冒出来，除了让自己停下来，还要试着让自己思考这样两个问题："我的焦躁与诋毁能改变什么吗？""什么对于自己才是有意义的？"如果嫉妒中的个体能够停止愤怒，反观自己，努力发展自己的优势，就可以从嫉妒的泥潭中走出来。要学会平静地与人分享他人的成功，这样的自己不仅在情绪调试上有所进步，在成长道路上也会收获更多。

89. 不愿分享是因为害怕失败

【案例】

一模考，班里的林均成绩突飞猛进，他得到了来自同学与老师的赞许，大家都认为林均是一匹黑马，夸他有潜力。可是一模考之后，广受众人瞩目的林均却开始对大家躲躲闪闪，有时候同学请教他题目，他总说自己忙，同学问问他有没有什么学习技巧或者有没有在校外补课，林均总是说没有学习技巧也没有校外补课。周一早，同学周环兴奋地跑到他前面说，昨天在教学机构里看到林均，和林均打招呼，可能林均没有听到，周环又一次追问林均在哪个机构里上的什么补习班，没有想到林均大发雷霆："告诉你我没有在外

第三篇章 如何在社会：让孩子建构与社会的积极关系

面补课！你认错人了！你也别再问我在哪里补课了！"然后推开周环摔门而去。后来大家从侧面了解到，林均确实在外面补课，但是他不愿意与同学们分享，他怕他的补课信息大家都知道了，大家都会去补，那他就没有任何优势了。

【分析】

不愿意与人分享，不仅仅是学生的现状，它还是我国人口众多、人均资源却相对不富足的社会背景下的一种国人的集体焦虑。人们担心自己的分享会让自己失去优势，失去原本拥有的东西。然而，一孤家寡人是很难获得真正的成功的，现代社会是一个竞争与合作的社会，既要保持独立的个性意识，自强、自立，与此同时，更要有集体观念和团队精神，共存、共事、共荣，方能更好地发挥个体优势，在团队获得成功时收获个体成就，实现自我价值。

【支招】

> **融入集体去焦虑感**：面对担心因分享而失去优势的学生，一定要给予及时引导，因为狭隘的路只会越走越窄。可以试着让这样的学生融入集体，在集体中让他感觉当自己被人需求时候的价值与喜悦。周遭的同学也要乐于分享，而不是一味索取，共同感受分享的快乐。就像威廉·詹姆斯说的："人的本性都是喜欢被人欣赏的。"

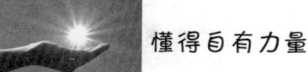 懂得自有力量

> **分层分享去自我中心**:去自我中心化,应该在幼儿园时期完成。对于青少年而言,一样可以借鉴去自我中心的做法:觉察他人感受与需求,意识到他人的存在与不同观点,懂得换位思考、多角度理性思考问题等。引导青少年去分享的过程也要分层次,如可以先分享目标,再分享资讯信息,然后分享方法和经验,最后分享成果。学会分享并不是一件容易的事,但是请相信人的内心是有被认可被尊重的需求的。

 **90. 可以共享福却不能共患难**

【案例】

严斌是班里的富二代,尽管是借读生,但是大家都围着他转,一方面是因为严斌为人确实大方,出手阔绰,另一方面大家想着交个有钱有势的朋友总是没有错的。高三一开学,严斌突然旷课了几天,然后上学就萎靡不振,同学们只知道他爸爸出事了,具体什么情况却都不知道。严斌本来就是借读生,这之后成绩更是一落千丈。班主任老师找了几位之前和严斌似乎关系挺好的同学,让他们安慰安慰他,学习上也帮帮他。没有想到那几位同学都支支吾吾地推辞。老师就说:"之前你们不是很热络的吗?"那几位同学解释道:"之前是之前,现在是现在,很多时候就是这样,人是现实的!"老师追问:"那么你们这样做觉得释然吗?觉得快乐与踏实吗?"几位同学低下了头。

第三篇章 如何在社会：让孩子建构与社会的积极关系

【分析】

自我实现是一种连续不断的发展过程，我们把生命看作是一个连续不断的选择过程，在每一个选择关头都有前进与后退的冲突。有时个体会因为追求安全而畏缩，有时也会勇敢迈出一步，说谎还是诚实，妥协还是斗争，接纳还是拒绝，就这样在不断地选择中一步步地走向自我实现。如果在做出抉择的时候一直有理性的引导，不要太物质化，试着倾听内心善良真实的声音，使选择成为成长性选择，那么这种成长性选择就可以帮助个体走向自我实现。

【支招】

> **拥有爱与被爱的能力：** 心理学家马斯洛发现，有些人之所以较不易受到焦虑与恐惧影响，是因为他们对自己及他人，都能抱着喜欢及接纳的态度。拥有爱与被爱能力的人，更真诚、更释然，也对自己更满意，认知、情绪、行为都更积极。
>
> **拥有觉察与内省能力：** 通过内省，用自我观察的陈述方法来研究自身的心理现象，发现自己是谁、自己的喜好、自己要向何处去、怎样做更为合适……行为常常是下意识的心理倾向，只有经常对自己的心理状态与情绪行为进行自我观察，才能不断更新观念，强化合理价值取向，成为一个真正快乐的人。

让我们从分享出发，共享美好。

三十一、当"官"的意义

最近网络上晒出某大学的一位学生干部,在和一位活动赞助商沟通时,大耍官威的对话截屏,网友们纷纷评论:"现在的学生干部官威好大!""学生和社会接轨了呀!""小小年纪尝到权力的甜头了!"学生当"官"为了什么,确实值得我们一起探讨。

91. 统治与孤立

【案例】

黎平生性内向,这让他妈妈非常担心,她觉得这对黎平的学习,以及将来的就业都会带来很大的负面影响。他希望自己的儿子能够活泼开朗一些,于是,黎平的妈妈赶在开学选班干部之前,跑到班主任老师那边请求班主任给黎平一官半职,好让内向的黎平锻炼锻炼。班主任从来没有碰到过这么执着的家长,也就答应了下课的时候找黎平说说这件事,想听听孩子的意见。没想到平时内向的黎平,说起此事还能有一份长长的感慨:"那是我妈妈的意思,我做不了像霸王一样的角色！他们下课大喊大叫，碰到活动吆五喝六，哪像什么干部？我不想成为他们那样的人，只有统治，没有民主！这样的土霸王同学们都不喜欢，我们大家都说好了，等中学毕业了，再也不理会他们！"黎平的一段话引起了班主任的深思：原来班里的班干部混到了这步田地！

【分析】

很多班干部都会有这样不恰当的观念，就是高度重视如何行使自己的权力，却从来没有考虑在一个场域中、一个环境中自己作为"干部"应有的表现与所要承担的职责。高度重视权力必然会带来强硬管理，强硬管理自然会招致同学的负性回应，这又让班干部们觉得不舒服，他们就变本加厉地强调他们的"统治"，树立自己的威信，如此就进入了恶性循环，本来美好的愿景愈加与他们渐行渐远。

【支招】

> **拥有觉察能力知人自知：** 作为班干部要有一定的觉察力，我是谁？我可以做什么？我的优势是什么？我的价值如何体现？同时也要问问班级同学们的诉求和他们的需要。要懂得自知、知人；爱己、爱人；助己、助人：在大我中完成小我，完成小我以促成大我，不但自我实现，也促进发展，成为班集体中一个有意义的人。

> **建构关系做被喜欢的人**：喜欢是指人们对彼此有积极的态度，积极心理学家们认为，能够导致这种积极态度的因素是彼此之间有相似点，彼此之间可以满足需求，当然有较高能力的人，有魅力、有吸引力的人，善于助人的人也是被喜欢的因素。班干部不妨先从"成为同学们喜欢的人"入手，进而成为班里同学们都认可的"领头雁"。

92. 霸权与疏离

【案例】

紫鑫是学校的学生会的团委书记，他就好像拿到了"尚方宝剑"，常常去命令团委里的同学们做这做那。这学期学校团委承担一个心理情景剧排演，要参加片区学校的比赛。那一天，彩排得太晚，大家定了外卖，紫鑫指着一位同学说："你！去到校门口去拿外卖！"等大家稀里哗啦吃好了，他又指着另一位同学说："你！赶紧收拾收拾，把垃圾扔掉！"紫鑫挺得意的，学校团委在他的管理下一切挺好的。可是，意外发生在比赛那一天，那天到了赛场之后，大家好像都商量好的一样，做出了一个决定——罢演！这可是让紫鑫傻了眼，他不知道平时看上去挺乖的同学们，竟然在关键时刻使出这一招杀手锏。后来在他跟同学一一道歉之后，同学们才勉强上演，那效果自然是差强人意，刚演完没谢幕，同学们就落荒而逃。事后老师让

第三篇章　如何在社会：让孩子建构与社会的积极关系

紫鑫反省，紫鑫非常委屈地说道："当官不是这样子吗？电视里的、我周围的、大人们不都这样吗？我还算好，就这么说他们几句就不开心，就罢演啊！他们眼中还有没有我这个书记了！"老师听了笑了说："你还真把自己当'官'了呀？！"

【分析】

心理学家班杜拉的社会学习理论认为：人的大量行为是通过对榜样的学习而获得的，获得什么样的行为以及行为的表现如何，都有赖于榜样。榜样的作用非常重要，当然在儿童青少年成长的历程中，身边周围不一定一个个都是正向的积极的榜样，就需要引导他们学会观察，在观察中了解、在观察中思考、在观察中选择，然后择善而学。

【支招】

> **选择正向的榜样有意注意：** 榜样学习是人类的一种社会学习的基本方法，班干部要找到一些正确的榜样进行有意注意，并且学习，将榜样的特征保持在记忆中，再在一些具体的情境中再现，形成意识。
>
> **选择正向的优势有效定型：** 班干部要将榜样性格特征中的一些性格优势，纳入自己的行为之中，当这一些优势在具体情境中不断被模仿，并得到强化之后，行为便可相对稳定地建立起来并保持一定的型态，形成习惯。

 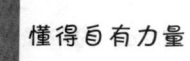 懂得自有力量

93. 付出与成长

【案例】

奕星是班里的宣传委员，负责很多的工作，诸如让大家出黑板报啊，在学校的大活动中组织同学参加活动啊，之类的。最让奕星头疼的就是每月要出一期的黑板报。因为大家都忙于学业，而且这件事情似乎只有付出，没有任何收益，同学们都不太愿意只做默默的幕后工作者。一开始还几个班干部一起参与，时间长了就三三两两地提出来要退出，到最后只剩下奕星一个人，她想想也是很心寒的，一个人排版、文字、美工。后来她想出一个办法，在班里招募板报小队，并且给他们分好工，每人都有自己的板块，她自己会去买一点小卡片作为礼物，送给每一期特别优秀的一位小队成员，并且恳请班主任老师帮忙，把每一期的黑板报拍下来放在班级群里，并且注明板报的参与人员。在她的努力下，他们班的板报一直在学校评比中名列前茅，她和其中的几位同学还被推荐到学校的学生会的宣传部，奕星深深认识到，任何经历都不是白费的。

【分析】

愉悦的积极体验都是在道德环境中出现的，真正的幸福感并不是做表面文章，也不是狭义的享乐主义。诚然，看一出闹剧、吃一份甜品是快乐的，但是这样的快乐很容易就会过去。当班干部在为

班级、为他人付出的时候,也是他们获得自我实现、看到自我的意义与价值的时候,这样的积极的情绪体验更持久,随之也会提高对于生活的满意度,内心也自然更充满着积极的力量。

【支招】

> **贡献是感受愉悦的第一步**:人生的意义在于,能够关注他人,能够融入社会生活,能够积极地为周围环境做出自己的贡献。要引导班干部们试着利用自己的"职权"为班级、为需要帮助的同学做点什么,让他们从中感受愉悦。
>
> **付出是学会领导的第一步**:有些班干部热衷于追求领导力,此时应该告诉他们,付出是学会领导的第一步。付出包含在"处事"之中,体现的是能力;付出包含在"为人"之中,体现的是品质,在为人处世中先试着付出,就会领先于他人,才是真正的干部。

当"官"的意义在于,发挥自己积极的作用,让所在的团队拥有持续的成长。

三十二、不在外面的世界中迷失

最近,一位父亲抨击网游,说网游让自己的孩子考不上大学,网游是在祸害学生。诚然,孩子沉溺于网游、丢了学业、迷失了自己让我们痛心。但是外面的世界中,这样或者那样的诱惑一直都在,重要的是作为家长,应从自身做起抵制外界诱惑,并且引导孩子在诱惑面前,会判断、会甄别、会选择、会调控、会应对。

94. 拥有高质量的陪伴

【案例】

正宇已经上幼儿园了,这孩子精力特别旺盛,活动能力特别强,在家里没个停歇,父母逢人便说,本来还要生个二胎,看看这个孩子就不想要了,带他一个孩子就太累了,一天下来,真是精疲力尽。最近,正宇的妈妈和爸爸很开心,因为孩子总算可以"脱手"了,爸爸妈妈也可以自己玩玩手机,做点自己的事情了。原来爸爸让一款游戏为自己解了围,自从正宇迷上了这一款游戏就完全沉浸其中,

第三篇章　如何在社会：让孩子建构与社会的积极关系

游戏里的夸张的动画场面、奇特的音效、还有时不时的奖励真是让正宇爱不释手。有时候还没有起床，正宇就喊着要玩游戏。父母还时不时给孩子一些暗示："我们的正宇变乖了，不调皮了。"后来，当正宇玩游戏玩得不肯吃饭，不肯上幼儿园，对其他事情也不感兴趣了的时候，父母才开始觉得问题又来了……

【分析】

很多事情就是这样，总是有一个开始，然后慢慢从量变到质变。如果去追溯一下孩子最早迷上游戏的原因，无外乎与父母陪伴的缺失，或者是陪伴的质量不够高。研究表明，高质量的亲子陪伴有助于孩子的安全感及自信心的提升，有利于孩子建构良好的人际互动，进而拥有积极情绪，高质量的亲子陪伴有助于孩子的成长。

【支招】

> **在高质量的陪伴中发现生活的乐趣：** 高质量的陪伴在于时间的保证，更在于爱和情感的投入，亲子间不刻意、不割裂的真实陪伴非常重要。父母与孩子一起画画、阅读，做手工；大一些的孩子和家长一起整理房间、一起为家人准备晚餐、一起拜访亲友，每一个生活细节都是陪伴的基石，都是很好的感受生命中趣味、温暖与爱的方式。
>
> **在高质量的陪伴中发现相处的快乐：** 如果没有父母的关

 **懂得自有力量**

注、包容、接纳，孩子内心就会不安和急躁，如果这一些消极情绪体验在亲子互动中得不到宣泄，要么压抑、要么转移，慢慢地，孩子就会变得不会爱、不懂得去感受爱。高质量的亲子陪伴中，需要多一些期待、肯定、感谢、佩服，这样可以在激发孩子内心深处自律意识的同时，还能感受到亲子互动带来的内心力量。

在高质量的陪伴中发现自己的意义：学龄前的孩子，具有较强的吸收能力，对于身边成人的模仿性是最强的。在陪伴孩子的过程中，父母积极的生命状态非常重要，父母的觉察自我、了解自我、接纳自我的能力直接影响孩子，为人父母就是要有足够的勇气和力量，借着孩子的成长，也让自己再重新好好活一遍，和孩子一起发现自己的意义与价值，一起做更好的自己。

 ## 95. 创设更深入的体验

【案例】

丽婷辍学在家已经三个月了，对于正在念八年级的她来说，这可是一件天大的事情，本来忙于生意的爸爸和忙于工作的妈妈都停下手头的事情，陪她去看心理医生，陪她治疗与辅导。可是效果甚微，每一次治疗与辅导之后，丽婷虽然勉强地答应去上学，但是每

第三篇章 如何在社会：让孩子建构与社会的积极关系

一次到了学校门口就又不想进去了，父母只能陪她围着校园一圈一圈地走，最终的结果都是打道回府。父母曾和心理咨询师说，作为父母一点使不上力，真的不知道孩子心里想什么。孩子一到家基本上就是一头扎进自己的房间不再出来。一次偶然的机会，丽婷的爸爸竟然发现，丽婷一直在一个网络平台上和一个外省市的男性聊天，看样子已经很熟了，他们还在商量见面的事宜。丽婷爸爸看了他们的留言互动眼前一黑，真的不知如何是好！

【分析】

选择理论认为，我们生下来便是具有天生的5方面的需求，即生存、爱与归属、能力与成就感、自由与独立感和幸福感。这一些需求驱使着我们去做各种事情，当孩子出现种种问题时，家长要思考是不是孩子的哪一方面的需求没有得到满足。父母要审视自己的言行，想一想自己在孩子年幼时，提供了怎样亲子陪伴与亲子间的互动体验。

【支招】

> **深入的体验需要强化经历**：体验到的东西会使我们感到真实，并在大脑记忆中留下深刻印象。现在很多家长都会谈到自己如何花重金带孩子去旅行、去听音乐会、看话剧等享受高层次的精神食粮。其实这一些都是载体，不是结果，重要的是过程中要试着

 懂得自有力量

去满足孩子内心的需求,可以试着让孩子去做旅行的攻略,告诉他们付出很有意义;或者在看过一场话剧之后和孩子一起谈谈对于角色的认识,再引申到自己平时的为人处事与价值观。类似这样的深度的体验才可以让亲子间彼此学习共同成长。

深度的体验形成积极经验: 通过深度的体验来形成积极有效经验,可以随时回想起曾经亲身感受过的愉悦历程,也会因此对未来有积极的预感。旅行中,用心感受家人间的照顾;整理日常生活中的点滴,制成幻灯片和微视频与家人分享;写写亲子书信传递彼此的在意,等等。让生命的经历的普通事件,有更深的体验,不断加深自己的好感受,对自己和对孩子都有好处。要享受亲子时光,亲子间的相处不是负担,是礼物。

96. 掌握多视角的应对

【案例】

今天立强没有来上学,班主任打电话才知道,昨天晚上立强父亲看见准备迎接中考的立强竟然在网络上看一些不雅视频,一气之下痛骂了立强一顿,告诉立强若是不好好学,就不要去读书了。父亲剪断网络线,还要立强写一份检讨书,承认自己的错误,否则不让他去上学。不知为何,一直很听话的立强在这件事情上却不肯认错,父子俩就僵持在那里。立强的父亲表示,本来孩子认个错,写

第三篇章 如何在社会：让孩子建构与社会的积极关系

份检讨书就过去了，但是这一次不知道他中了啥邪，打死他也不肯低头认错。最后还是班主任出来打了圆场，让立强先来上学。立强回到班里后，班主任老师只字不提立强不来学校的原因，班级同学也没有看出什么异样。周五放学的时候，班主任给大家布置了一篇周记，让大家写写本周印象最深刻的一件事情，愿意写多少就写多少。本来算是比较正气的立强，在周记中写出了自己在看不雅视频的忐忑，父亲知道后的惶恐与无措，对于父亲简单粗暴态度的无奈，等等。他表示，对于父亲这样的态度，他只想采取放纵自己的方式来报复。班主任老师读完这个九年级男生的周记，不由得倒吸一口冷气，孩子正面对外在的诱惑，还好自己从不同的角度打开了孩子的内心，当孩子能说真心话了，接下来的应对才会有效。

【分析】

很多亲子问题来源于彼此之间未能建立好良好的关系，在建构亲子关系时，不能简单粗暴。现实主义的观点是：一个人心理健康与否取决于他能否负责任地生活，而负责任的生活的前提便是处在一个温暖、接纳、非惩罚性的环境中。家长在面对孩子的成长中的问题，应该多视角地应对，这背后是父母对于孩子的理解、接纳、支持以及同理心、一致性、充满正能量、正向人性观。

懂得自有力量

【支招】

> **多视角应对在于积极的生命状态**：当问题来临时，父母积极的生命状态很重要，父母不要先手足无措，犹如深陷泥潭，进而钻牛角尖，让自己的视线变得狭窄，让自己的方法变得单一，更不要说一些极端消极的话语，以免刺伤孩子内心。要静下心来，告诉孩子，遇到成长中的问题了，需要想办法去解决。相信孩子和自己的力量能去应对当下的困扰。
>
> **多视角应对在于有效的干预系统**：干预的策略有很多，此处不妨借用一下现实主义疗法的"WDEP"系统，W=需求和愿望；D=方法与行动；E=自我评估；P=计划。试着将问题剖析，将上述关键词转化为一个个通俗易懂的问题："如果你希望成为一个人，那会是怎样的一个人？""你现在在做什么？""你现在的行为给你带来的是伤害还是帮助？""如果给你一些时间你会如何改变？"有效的探讨一定会比低能量的咆哮有意义得多。

外面的世界很无奈，外面的世界也很精彩，一切看我们如何把握与应对！

三十三、美丽的感谢

在说一声谢谢也变得很难的时代,我们还是要谈谈"感谢"!感谢是当个体接受了人、事、物善意提供的恩惠之后,内心产生的一种愉悦的、心怀感激而意欲报答的认知性情绪,感谢是一种积极情绪,在感谢中梳理我们和世界的关系,懂得感谢的人才是幸福的人。

97. 感谢过往的经历

【案例】

程蓉父母离异,各自成家,她似乎成为多余的人,被安排和外公外婆一起生活。最近外婆住院了,外公要去医院照顾外婆,程蓉常常一个人在家里,一待就是整整一个晚上,家里除了她没有别人。她便有了平常小孩子没有的失眠现象,觉得自己可有可无,没有人爱。但她还是努力想走出自己的小世界,便积极报名成了学校心理中心的小小辅导员。那一天,她主动找了心理老师诉说了自己内心想法,她说她难过,不知道为什么自己会如此不幸。老师说其实我

懂得自有力量

们可以从另外一个角度来说故事的，是不是可以从感谢出发，来说故事呢？老师先开个头，比如："我要感谢我自己，在外婆住院的这段时间里，我能照顾好自己。"你来试试吧！

程蓉想了想，说："我要谢谢外公，外公在医院里的时候，会打电话问我，吃了吧，门关了啦，睡觉了嘛？我要谢谢这段日子，让我变得更加的坚强。我要谢谢外公外婆用尽所有的办法，给了我一个美好的童年。"老师给程蓉竖起了大拇指，程蓉也觉得因为这些感谢，生活中多了许多美好的瞬间。

【分析】

在人的生命历程中，很多感受是别人无法理解，别人也无法贴近的，只有自己试着去贴近自己的内心，原本被忽略的故事才会开始慢慢地浮现。当怀着一颗感恩的心去回顾、去发现的时候，一些原本被忽略的难忘片段也会慢慢浮现。这一些故事并非是个体生命中的主流事件，但恰恰都充满着温情、关爱、肯定、希望，这一些都是积极的资源，能够让生命体验由薄而厚，形成积极有力的自我观念，成为支持自己走出困境很好的力量来源。

【支招】

> **写出感恩的支线故事**：每个人都是解决自己问题的专家，要汲取不同经验的叙说方式，丰厚生命故事，让我们变得更自主、

第三篇章 如何在社会：让孩子建构与社会的积极关系

> 更有动力。鼓励孩子书写生命中感恩的支线故事，打破僵化理解，以一种新视角看待问题。
>
> **说出感谢要贴近内心**：感恩要发自肺腑，多倾听自己内心的声音，不敷衍、不违心，只有真实的内心声音才有意义。在引导孩子说感恩的时候，可以进一步追问："这一份感谢是发自肺腑的吗？""这一份感谢对你的成长的意义在哪里？""这一份感谢在你的心可以打上几分？"

98. 感谢善意的支持

【案例】

琪琪不去上学一周了，同学和她关系紧张；老师认为她的学习成绩不尽如人意；爸爸妈妈也不满意她。她觉得所有的一切都没有什么意思，妈妈带琪琪去学校的心理老师那儿，本来琪琪是打定主意，不再和任何老师说话的，但心理老师开口的第一句话："谢谢你今天能够来到这里！"就让琪琪的心有点松动。心理老师的第二句话是："谢谢你，还能留在这里听我讲完第一句话。"琪琪开始微微抬头，看了老师一眼。第三句话："谢谢你听了我的话，给了我眼神的回馈。如果你愿意，你可以跟我分享你过去一个礼拜的不容易。"琪琪原本以为老师会劈头盖脸地告诉她读书的意义，告诉他人生的意义。可是老师只是给了她一张纸，要她在纸上画下自己，并找找她

 懂得自有力量

要感谢的人、事、物。老师还说，如果可以，希望能够具体一些，不过主要还是想怎么画就怎么画，画好了可以找愿意分享的部分和老师分享。

【分析】

每一个处在社会中的生命个体都渴望被尊重、被理解、被支持，包含家庭支持、朋友支持和其他支持。在这里想说的是，感受支持需要有一颗感恩的心！有研究表明，感恩倾向越强，越容易感受到家人、朋友或其他人的尊重、理解与支持；感受到被尊重、被理解、被支持的情感体验和满意程度越高，其面对困难和问题时的压力越小，越容易从积极的角度看待面临的困难，从而形成乐观的心理状态，提升自身的乐观水平。

【支招】

感恩从小事说起：感恩是个体对他人、社会和自然给予自己的恩惠产生认可，并意欲回馈的一种认知、情感和行为。告诉孩子，需要感谢的人、事、物不一定是轰轰烈烈的，一个微笑就是接纳；一个晴天就是馈赠；一次携手就是礼物，细微之处感受恩惠，内心也会丰盈起来。

撰写感恩日记：撰写感恩日记可以从以下这3个方面入手：好事——收集证据；难事——乐观面对；坏事——转换角度。让事

第三篇章　如何在社会：让孩子建构与社会的积极关系

> 件更有厚度，让感恩更有深度，让生活更有广度，让充满力量的暖意常驻心头，这种暖意是一种非常重要的生命力量，可以让孩子有力量去迎接挑战。

99. 感谢自己的付出

【案例】

　　班里有个叫小星的男孩，大家都不喜欢和他成为同桌，甚至也不喜欢被安排在他附近，家长们为此还联名写信不要小星在班里读书，让小星去特殊学校读书。因为小星的嘴里时不时会发出奇怪的声音"咔——咔——咔"，如果遇到比较紧张的时刻，他不仅嘴巴里发出声音，常常身子还要不由自主地抽动几下，到了考试的时候，小星的"咔——咔——咔"的声音更是不绝于耳，大家都觉得被小星吵得无法静心。当班级同学都起来抗议的时候，陆莉站起来说："大家不要这样！小星已经很难过了，你们这样只会加重他的症状。"没想到陆莉话音刚落，一片嘘声四起："你是好人，我们都是坏人。""这一次感动校园人物非你莫属呀！""啧啧，真是路见不平拔刀相助的女侠！"陆莉没想到同学们是这样的反应，一时不知所措。回家后，她把事情的经过告诉了妈妈，确实小星很影响大家，但是他也没有办法，总要有人站出来，替他说话！妈妈听完后郑重地说："你做得对！小星会收到你的这一份支持，而且你也要感谢自己有意

义的付出。"

【分析】

看见自己的美德可以让人更加幸福,在积极心理学的6类美德与24个性格优势中,有一个叫"爱与被爱"的性格优势。这样的人常常有被爱的感觉,无论别人做了些什么都爱他们,会与朋友或家人分享自己的感受,经常对朋友和家人说爱他们,在他们有困难时去帮助他们。他们是幸福的,因为内心拥有爱,同时自己也被别人接纳、喜欢、亲近、需要。

【支招】

> **温暖他人感动自己**:人与人相处时,要学会谦让,学会分享,帮助他人。助人不是居高临下的施舍,助人应该建立在尊重和平等的基础上,要设身处地地为他人着想,体察对方的感受。助人不仅仅需要热情,更需要智慧,要掌握一定的技巧和方法。
>
> **助人助己成长共生**:让孩子去了解不同的生命形态,学会尊重生命,学会互助关爱。过程中进行客观的自我评价,对自己的行为有所觉察,拥有同理心,顾及他人,不断完善自我,拥有"有我有你有他"的理念,提升幸福感及社会适应力。

感恩生活会让我们积极应对一切,意识到他人对我们的付出,会体验到感激,拥有一颗感恩之心,幸福就离我们近了。

图书在版编目(CIP)数据

懂得自有力量：学校心理咨询师讲述的99个成长故事 / 蔡素文著 .— 上海：上海社会科学院出版社，2020
 ISBN 978 - 7 - 5520 - 3058 - 7

Ⅰ.①懂… Ⅱ.①蔡… Ⅲ.①青少年—心理健康—健康教育 Ⅳ.①G444

中国版本图书馆CIP数据核字(2020)第035103号

懂得自有力量：学校心理咨询师讲述的99个成长故事

著　者：蔡素文
责任编辑：杜颖颖
封面设计：黄婧昉
出版发行：上海社会科学院出版社
　　　　　上海顺昌路622号　邮编200025
　　　　　电话总机021 - 63315947　销售热线021 - 53063735
　　　　　http://www.sassp.cn　E - mail：sassp@sassp.cn
照　排：南京理工出版信息技术有限公司
印　刷：上海龙腾印务有限公司
开　本：890毫米×1240毫米　1/32
印　张：7.875
字　数：160千字
版　次：2020年5月第1版　2021年3月第2次印刷

ISBN 978 - 7 - 5520 - 3058 - 7/G·910　　　　　　　　定价：39.80元

版权所有　翻印必究